青少年情商培养丛书

做幽默机智的你

用大 著

海峡出版发行集团 | 海峡文艺出版社

图书在版编目(CIP)数据

做幽默机智的你/用大著. －福州:海峡文艺出版社,2017.6(2018.2重印)
ISBN 978-7-5550-0996-2

Ⅰ.①做… Ⅱ.①用… Ⅲ.①心理交往－青少年读物 Ⅳ.①C912.11－49

中国版本图书馆 CIP 数据核字(2017)第 010589 号

做幽默机智的你

用 大 著

责任编辑 何 欣
助理编辑 刘含章
出版发行 海峡出版发行集团
　　　　　海峡文艺出版社
经　　销 福建新华发行(集团)有限责任公司
社　　址 福州市东水路 76 号 14 层　　　邮编 350001
发 行 部 0591－87536797
印　　刷 福州德安彩色印刷有限公司　　　邮编 350008
厂　　址 福州市金山工业区浦上标准厂房 B 区 42 幢
开　　本 787 毫米×1092 毫米　1/16
字　　数 150 千字
印　　张 13.5
版　　次 2017 年 6 月第 1 版
印　　次 2018 年 2 月第 3 次印刷
书　　号 ISBN 978-7-5550-0996-2
定　　价 28.00 元

如发现印装质量问题,请寄承印厂调换

自　序

　　挪威探险家托尔·海雅达尔与几位同伴远涉重洋归来，感触至深地写道：在冒险航行的恶劣条件下，开开玩笑，说说笑话，对一个探险集体来说，其重要性"绝不亚于救生圈"。

　　我们不知道他们"开开玩笑，说说笑话"的内容是什么，但确实知道人类不能没有笑。几千年来人类发明和创造了多种致笑的方法，这是宝贵的精神财富。除了那些根本不具有笑的真正内涵的假笑，冷笑、皮笑肉不笑之外，可以直接致笑的方法，主要有这几种：第一种是用胳肢的方法，触及对方体肤，引起神经痉挛，这种笑是生理性的，往往令人难以忍受。第二种是用滑稽的方法，故意说一些反常的言语、做一些反常的动作，逗引人们，这种笑已进入精神领域，但还比较勉强，是所谓"心灵上的搔痒"。第三种是用笑话的方法。笑话大量流传于民间，其内容十分庞杂，就其主要方面来看，是通过揭示某些傻话、傻事，引起听者对于自己优越地位的发现，产生所谓"突然荣耀感"。这种笑有的也颇耐咀嚼，有的则索然无味，总体上可以说是徘徊于艺术的边缘地带。第四种是用讽刺的方法。讽刺大多通过语言表达，话里有话，一针见血，引起周围知情者"感情的释放"，这种笑一般会有较深的社会容量，因而讽刺长期以来就是艺术园地里的一朵奇葩。第五种是用幽默的方法，就是本书所要讨论的。

"幽默"一词起源于拉丁文，原意是指"潮湿"，后引申为"体液"，是一个生理学上的术语。公元前5世纪，古希腊著名医生和学者希波克拉底提出"体液失调说"，认为人体内各种体液构成一定的比例，一旦失调，人就会发生异常症候。这症候状况就是后来说的气质的各种表现。16世纪末英国剧作家本·琼森把"幽默"纳入他创作的"癖性喜剧"范畴之中，专指那些乖僻的行为，这时"幽默"一词的含义始从生理学转到社会学。到17世纪末英国喜剧家康格里夫和乔治·法奎尔将"幽默"定义为"行为、谈吐、文章中足以使人逗乐、发笑或消遣的特点；欣赏和表达上述特点的能力"。使幽默又从社会学过渡到美学领域，至此"幽默"一词才符合今天的含义，所以一般认为英国是幽默的故乡。我国引进这个名词是在20世纪20年代，是文学家林语堂根据英文音译过来的。

如果喜剧是一个母概念，那么滑稽、笑话、讽刺、幽默就是属于它名下的一群子概念（喜剧经常包括这些方法的综合运用，它独特的致笑方法，主要是依靠情节和结构，不是那么直接的）。幽默是最年轻、也最受当今重视的小兄弟，它没有滑稽的粗鄙，没有笑话的俚俗，也没有讽刺的尖刻。如果说滑稽是仿效丑陋，笑话是展露愚蠢，讽刺是鞭挞颠顶，那么幽默恰恰与它们不同，它天然地与机智结缘。没有机智，是怎么也幽默不起来的；当然机智却不一定表现为幽默，一个人可以非常机智，但不一定带有幽默。机智而无幽默，它使人觉得城府太深，不可接近。所以幽默必须以机智为基础，机智喜欢与幽默结伴侣。本书把幽默与机智并列，它们之间却不是并列关系，而是从属关系，意谓机智在幽默方面的表现。

人们常把幽默比作生活中的盐，缺少了盐，通体乏力，没有精神。公关活动中，它常是有效的武器，它可以使初见面的人们一下子拉近距离；亲戚朋友间，它常是感情的添加剂，它可以增强一个人的魅力，把相识的人们尽量吸引到自己周围；对于自己的爱人，如果他（或她）为人正派，长相也好，唯独不解幽默，会认为是一种不可补偿的缺憾。难怪有人说：没有幽默感的语言是一篇公文，没有幽默感的人是一尊雕像，没有幽默感的家庭是一间旅店，没有幽默感的社会是一片沙漠。这些，都因为幽默自有独特的美学效果。

目前出版的关于幽默的书很多，其中也有介绍方法的。但不少书似乎混淆了一条界线，即其宗旨是教人们如何在日常生活中表现幽默的才能呢，还是教人们如何去编写幽默故事？这是两码事。笔者认为后者的意义不大，除非是少数喜欢舞文弄墨者，而这些故事严格地说，又有许多还算不得幽默。例如有一个故事，说某先生在马路上丢失了一只戒指，当时路灯很暗，他无法寻找，就匆匆赶回家，在自己的房间里寻找起来，妻子问他找什么，他说："找戒指。"妻子又问他丢在什么地方，他说："丢在马路上。"妻子奇怪了："丢在马路上，你怎么在自己家里找呢？""因为马路上很黑，家里亮。"这则故事当然引人发笑，但这不是幽默，这位先生说的是傻话，做的是傻事，这是一则笑话。再如，相声中经常有这样的开场，两人一见面，十分亲热，又是鞠躬问好，又是握手言欢，过后却各自后退一步，异口同声地问对方尊姓大名。这一表演，也颇有舞台效果，但这也不是幽默，最多只能算是滑稽。或许有人会说，这两个例子似乎也都有一点幽默的味道。笔者认为，这两个例子要说幽默，最多是属于编写者的，编写人通过编写，表现自己的幽默才能。例子中的主角是笑话的主角、滑稽的主角，而不是幽默的主角。衡量的标准很简单，它的主角绝无机智可言，机智属于编写人员。

有鉴于此，本书严格掌握概念的准确性，收集47种产生幽默机智的方法，目的在于帮助读者开发幽默机智的潜能，做幽默机智的你，让你成为日常生活中幽默机智的主角。整个结构从根本到枝叶，从一个人的气质禀性，到思维、逻辑、语言、修辞、态度、动作，直至理解，分别列举古今中外的幽默事例，虽不敢说已经穷尽，但确实已荟萃了主要精华。什么场合、什么对象，应该采用什么方法，全凭读者悉心挑选，只要熟练掌握，必能左右逢源、游刃有余，为生活平添欢笑，使人生倍增情趣，做一个有魅力受欢迎的人。这算是笔者一个小小的心愿吧。

目 录

CONTENTS

乐观滋养幽默

　　做幽默机智的你，是指机智在幽默方面的表现，包含着机智的幽默。那么到底什么是幽默呢？要给幽默下一个精确的定义，不是一件容易的事，据说世界上比较权威的定义已有 62 个，还是没有一个能使大家普遍感到满意。应该注意的是：幽默最早与气质有关，后来虽然几经变化而幽默与气质仍如俄狄浦斯情结一样，有着不解之缘。列宁说："幽默是一种优美的、健康的品质。"老舍说："据我看，它（幽默）首要的是一种心态。"法国《拉鲁斯百科全书》说："幽默已逐渐演变为一种处世方法……"探讨幽默机智的各种方法，处世方法应该首先得到重视。那么这种处世方法具体包含什么内容呢？综观古今中外研究幽默问题专家的意见，大都认为仁爱乐观是第一要素，所以这里把仁爱乐观法列为幽默机智第一法，这第一法即"根本大法"。

　　一个凶狠霸道的人，是毫无幽默可言的；一个悲观主义者，整天愁眉苦脸，也肯定与幽默无缘。19 世纪欧洲流行的一句话是："没有同情就没有幽默。"德国著名美学家让·保罗认为："幽默是慰藉人类的一种善意的微笑。"

仁爱是指仁慈爱人，乐观是指心情愉快，两者关系密切。只有仁慈爱人的人，才能保持常年的乐观。处心积虑算计别人，为名为利不惜损害别人的人，是体会不到乐观的趣味的。一个人的脸上不一定常挂笑容，但心里却绝不可没有笑意。认识这一点并不困难，而要做到这一点，似乎就不那么容易了。在中国，几乎谁都知道大肚弥勒的一副对联：

> 大肚能容，容天下难容之事
>
> 开口便笑，笑世上可笑之人

这已成为一种精神向往。

40年前美国的爱达荷州波卡特洛市曾颁布一条法令，规定全体市民必须学会"乐观"的表情，不得愁眉苦脸，违者将被送到"欢容检查站"受训。如今该市市长范礼逊又重新提出这条法令，他说："这是一条旨在鼓励市民以乐观的态度应付逆境的法令，但事隔多年，市民们都淡忘了，所以我们不得不再次宣传。"用法令的形式，来提倡乐观，可谓决心大矣，从形式先予保证，以后充实内容，也不失为一项得力措施。据研究，笑有传染性，看到人人都挂着笑容，自己的脸也就舒展开来，心情也跟着畅快起来。

有人说：顺境时，要做到仁爱乐观不难，难就难在逆境时。

其实如果我们把它当作一种处世之道，那又何论顺境与逆境！

要说成人有成人的苦闷，小孩有小孩的烦恼。12年埋首寒窗，结果却名落孙山；情投意合的恋人，终因种种原因而分手；同事间话不投机、工作做不完；开店偏销路不畅，生产又产品积压，家里还常常抬杠吵嘴……

普希金说：

假如生活欺骗了你，

不要悲伤，不要心急，

阴郁的日子里须要镇静，

相信吧，快乐的日子将会来临！

既然一切苦难都冲着你来，索性就做一回背负十字架的耶稣吧。山涧里的松树，尽管拼命自强，终究一世不出头；山顶上的小草，任它自暴自弃，还是朝夕沐浴阳光雨露。我们不必仿效"精神胜利法"，但我们的精神的确应该超脱一些。人生不满足，做了皇帝想成仙，此中有真意，陶渊明挂冠去种田。只要属于非原则性问题，非对抗性矛盾，我们都不必过于计较，使自己陷入烦恼境地。

美国总统罗斯福，家里遭到盗窃，丢失很多东西，他的朋友写信安慰他。他却一点也不沮丧，回信道："谢谢你来信安慰我，我很平安，我觉得要感谢上帝，因为：第一，贼偷去的是我的东西，而没有伤害我的生命；第二，贼只偷去我部分东西，而不是全部；第三，最值得庆幸的是，做贼的是他，而不是我。"对于这种充满幽默机智的回答，首先要看到来源于仁爱乐观的精神，正因为他仁爱乐观，所以没有被不幸压倒，反而能谈笑风生。

美国作家马克·吐温在愚人节遭到别人的捉弄，他们在纽约一家报纸上报道了他"逝世"的消息。这天，许多人赶来悼念，当他们知道是有人恶作剧时，就纷纷谴责那家报纸。当事人马克·吐温却一点也不生气，向亲朋好友解释："这家报纸报道我死，这是千真万确的——只不过他们把日期提前了一些。"

类似这样的幽默机智，很难用什么方法去硬套，因为它导源于仁爱乐观的禀性，要说方法，这是一种处世方法。

最为人称道的，是苏格拉底和他妻子的故事。苏格拉底是古希腊的大哲学家，他娶的妻子却是一个心胸狭窄、喜欢唠唠叨叨、动辄破口大骂的冥顽不化的泼妇。这天，那泼妇借故挑衅，大吵大闹，长时间不肯罢休。苏格拉底只好退避三舍，哪知刚走出家门，突然从楼上倒下一盆冷水，把他浇成一只落汤鸡。苏格拉底不禁打了个寒战，然后他满不在乎地说："雷鸣之后免不了一场大雨，果然不出所料。"他把妻子的大吵大闹比作雷鸣，把这一盆冷水比作大雨，这种宽厚忍让，充分表现了大哲学家仁爱乐观的风范，被传为美谈。事后别人问他为什么要娶这么一个夫人时，他说："擅长马术的人总要挑烈马骑，骑惯了烈马，驾驭其他的马就不在话下。我如果能

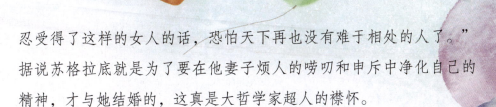

忍受得了这样的女人的话，恐怕天下再也没有难于相处的人了。"
据说苏格拉底就是为了要在他妻子烦人的唠叨和申斥中净化自己的
精神，才与她结婚的，这真是大哲学家超人的襟怀。

若嫌这些例子太过遥远，那么下面再举一个近的。某小学一次
作文比赛，题目是《我的家》。学生一个一个上台朗诵自己的作文，
有的写爸爸这好那好，有的写妈妈如何伟大，内容大同小异，听得
使人有些疲倦。这时一位小女孩上台了，她用清脆的嗓子朗诵起来，
第一句就是：

"我的妈妈是傻瓜。"

语惊四座，场上所有的目光都射向了她。她接下去——

"我为什么说妈妈是傻瓜？因为她做家务一忙起来就出差错。"

这时台下发出了笑声。

"你们不信？我可以举出许多例子。就说昨天吧，妈妈做饭差
不多好了时，却又去晒衣服，晒了一半，饭煮焦了，发出一股焦味。
妈妈闻到了又紧张得不知所措，心想着一定要马上将那锅饭端走，
急忙之中，她把已经挂上竹竿的衣服又弄到地下，脏得不能不再洗
一次。我妈妈是十分爱清洁的，我的衣服脏一点她都看不顺眼，我
不洗，她就要帮助我洗。

"妈妈端那锅饭时又忘了要拿碗布垫着隔热，所以烫得她一下
子就放了手，那锅饭也打翻了。

"我的傻瓜妈妈这时候就会像滑稽小丑一样，做出极滑稽的动

作向爸爸道歉。她诚惶诚恐地说：'臣妾有罪，请陛下宽恕。'"

这时台下一阵大笑。

"我的爸爸也是一样的傻瓜，他也很滑稽地说：'下不为例，今天就只准一次。'"

台下又笑了。

"我的傻瓜爸爸也常做傻事。星期天，我和妈妈、弟弟正要吃早餐，爸爸从房里跑出来，慌张地穿上外衣，嘴里埋怨道：'这闹钟怎么搞的，过了时间还不闹，眼看上班要迟到，我不吃早餐了。'说完就往门口走。

"'站住，你给我回来！'妈妈从后面喊着爸爸。爸爸愣头愣脑地站住了。妈妈说：'今天是星期天呀，你真的忘了？闹钟是我拧的。'爸爸一拍额头笑着说：'我真傻，连今天是星期天都忘了，空急一场，真是不好意思，请夫人见谅见谅。'"

台下又发出了笑声。

"大家想想，由傻瓜妈妈和傻瓜爸爸所生的我，自然也是傻瓜，我的弟弟也是傻瓜生的，当然也一样是傻瓜，我们的家是一个傻瓜之家。"

台下爆发出了大笑。

"我非常非常喜欢这个傻瓜之家，我非常非常喜欢我的傻瓜妈妈，她是世界上最好最好的妈妈。"

　　这时台下一片寂静。

　　"我长大了也要做一个像我傻瓜妈妈一样的女人，跟我结婚的男人，也是要像我傻瓜爸爸一样的男人。然后生一个像我一样的傻瓜姐姐或者像我弟弟一样的傻瓜弟弟。

　　"这样的傻瓜之家，才会是幸福温暖、充满快乐的家。我爱我的傻瓜妈妈，我希望我的傻瓜妈妈不会生病，永远健康！"

　　听完这篇作文，老师、家长和同学都流泪了，有的甚至哽咽得说不出话，最后一致把这篇作文评为这次比赛的优秀奖。

　　这篇作文中展示的家庭成员（主要是妈妈、爸爸）的优秀品德，除了勤劳、淳朴以外，更重要的就是仁爱乐观和由此带来的幽默感。"傻瓜之家"充满了体贴、谅解、和蔼、温馨的气氛，真是令人向往！我们羡慕这位小女孩的幸福，我们更希望每一个人都像她的妈妈爸爸一样，能给别人带来幸福！

坦率赢得青睐

弟弟是任性的，拖住哥哥想让哥哥陪他玩，恰好哥哥的同学来，两人就一起出去了。弟弟在家里发脾气，居然拿一把剪刀把哥哥的裤子剪破了。妈妈查询此事，问弟弟："哥哥的裤子是你剪破的吗？""不是。"妈妈指着裁缝剪又问："是用这把剪刀剪的吗？""不是，是用小剪刀剪的。"

孩子的特点是真诚坦率，他即使撒谎，也很有限。但很明显，弟弟并不是幽默机智的主角，他是无意于幽默机智而把人逗乐的，他也不是愚蠢，真诚坦率与愚蠢貌似接近，实质迥异。再看下面一段对话：

父：世界上有永恒的东西吗？

子：有。

父：举个例子看。

子：奶奶就是永恒的。

父：为什么？

子：你和妈妈都说她"老不死"。

　　父亲和母亲背地里骂奶奶"老不死"，孩子不懂，他照字面解释，变成"永恒"的了。这里有幽默机智的效果，孩子根本弄不清他运用了什么方法，但对他来说，如果也有方法的话，那就是真诚坦率法。

　　真诚坦率法同样也是成年人幽默机智的重要方法，这个方法也带有根本性。如果说，仁爱乐观是幽默机智所需要的气质，那么，真诚坦率便是幽默机智所需要的品质。

　　幽默理论家伊斯特曼问卓别林："观众大笑时，你给他们的是什么东西？"著名电影艺术家、幽默大师回答："我是将事物的平凡真理告诉他们，用使他们大吃一惊的方法，让他们认识到原以为是极不正常的，其实却是非常健全的情境。比如有一位漂亮女人向我露出鄙视的神色，我就走上前去给她一个巴掌。这实在是很正确的！他们并不承认这一点，然而这是正确的，他们就发笑了。"我们运用真诚坦率法来恢复人的本来面目，正因为这种本来面目已经变得陌生，所以人们既感到吃惊，同时经过急剧的反思，又感到熟稔，这样，他们就笑了。

　　美国前国务卿基辛格一次应邀演讲，主持人介绍以后，台下响起一片掌声，基辛格频频致意，好长时间才停歇下来。基辛格开始讲的第一句话是："我要感谢你们停止鼓掌，因为要我长时间做出一副谦虚的表情是很困难的。"这话一出，立即引起哄堂大笑，会场的气氛顿时活跃起来。我们知道，鼓掌是表示欢迎和尊敬，相应的表示则要做出一副谦虚的表情，这是一种社会性的礼节，这种礼节有时（特别是时间一长）会使人感到不自在。基辛格所说的第一句话，真诚而又坦率地讲出了这种感受，这里包含了对于恢复人的本来面目的要求和对于现代文明的揶揄，听众的哄笑也是在这一点上的心灵沟通。

我国魏晋时期崇尚佛老之说，大兴名士之风，蔑视礼教，放浪形骸，使思想和个性得到高度发展，流传有许多真诚坦率的逸事。

魏文帝曹丕带领一群文士到一位朋友的墓地祭奠。这位朋友叫王粲，生前特别爱听驴鸣。魏文帝便领头，全体人员每人走到墓前学一声驴叫。这可算得千古仅存的祭奠仪式了，但却并不矫饰，表现得真诚坦率。竹林七贤之一刘伶是个大酒鬼，妻子把酒泼了，把酒具毁了，劝他戒酒。刘伶说可以，但我管不住自己，那就祈祷神灵吧，我要在神灵前发誓。妻子果然备好酒肉，不料刘伶跪下发誓道："天生我刘伶，以酒为性命，一次饮一斛，五斗才过瘾，妇人尽啰唆，怎能轻易听！"说罢又喝得酩酊大醉。刘伶以为性命可以不要，酒是万万不能戒的，性情是万万不能委屈的。更有甚者，他夏天在家脱光了衣服，有客来访也不穿上，并说："天地是我的房屋，房屋是我的衣服，你们为什么走进我的裤子中来呢？"还有，阮籍居丧不哭，大食酒肉；王子猷雪夜访友，乘兴而去，兴尽而归……这里有些显得过分，但对于真诚坦率的追求，不可抹杀。这些逸闻至今仍为人津津乐道，并感受幽默机智的情趣，这就是真诚坦率法的作用。

法国大作家巴尔扎克曾经贫困潦倒，有时竟至身无分文。有一天，他写作到深夜，饿着肚子上了床，辗转反侧，难以入睡。这时恰恰有小偷光顾，他听到了小偷窸窸窣窣翻东西的声音，不禁叹了口气，低低说道："别翻了，我白天都翻不到钱，你夜里难道能翻到钱？"小偷闻言悄悄走了。巴尔扎克与一般人不同之处在于当他发现小偷之后，并不大惊小怪，也没有拔刀相向，而是竟与熟人似的直言相告，即是采用了真诚坦率法，幽默机智的情趣跟随而来。

某公司招聘一批公关人员，考试的最后一道题目，要考生提出正当的理由离开考场，是对于灵活性和独创性的检测。于是有的说父亲病危，要回去照顾，有的说要开会、出差等等，均遭否决。一位姑娘大方地站起来说："我不考了！"结果是这位姑娘答案最好。因为其他的理由都较一般，一听就知是借口，而这道题目并不要求找借口，"不考了"是离开考场的最正当理由。那些失败者正是忘记了做人最重要的一条，也是公关人员最重要的一条，即是真诚坦率。

球王贝利有一句名言，即当别人问他最漂亮的球是哪一个时，他回答："下一个。"我国著名导演谢晋，别人问他最好的影片是哪一部时，他同样回答说："下一部。"这回答，充满了信心和自豪，但仔细一想，谁不希望自己不断进步，再攀高峰呢？所以这回答，其实是"人人心中有，个个口中无"。我们欣赏贝利和谢晋的回答，一半是钦佩他们的信心和自豪，还有一半就是为他们运用真诚坦率法所带来的幽默机智的情趣而会心一笑。

美国有一家偏僻地段的小吃店，做的广告很有意思。据我们想来，广告一般都是吹嘘自己的商品，或者炫耀自己的设施。但这家小吃店的广告却是这样写的："请到这里来用餐吧，不然你我都要挨饿了。"这位老板毫无矫饰，非常实际，每一位过路人都会被这一广告所逗乐，这正是真诚坦率法的妙用。

何妨自我解嘲

在古希腊岱尔菲的阿波罗神庙上，镌刻着一句千古名言："认识你自己。"这句名言经古希腊大思想家苏格拉底引用，赋予了新的哲学深意。在苏格拉底看来，"认识你自己"就是一方面认识自己的无知，另一方面也认识到自己的神圣本质是要去探索永恒不变的、支配所有人的普遍的道德观念，即所谓美德或"至善"。这两个方面是互相补充并互为因果的：一方面是无知，一方面是求知，无知则需要求知，求知以后更觉自己无知。所以喜欢自我吹嘘的人，往往是只懂得一点皮毛，而道德修养高的人，总是虚怀若谷。与自我吹嘘相反的行为，便是自我解嘲。

我国明朝作家冯梦龙在《广笑府序》中说："或笑人，或笑于人，笑人者亦复笑于人，笑于人者亦复笑人……古今世界一大笑府，我与若皆在其中供话柄。"俄国19世纪著名学者车尔尼雪夫斯基说："正因为他尊重而又同时蔑视自己，所以他尊重而又同时蔑视一切人，正因为他热爱而又同时嘲笑自己，所以他热爱而又嘲笑整个世

界。"在这一点上，中外有一致的认识。这样看来，自我解嘲不仅是道德修养较高的人所经常采用的方法，还是一种必须支付的代价，能取笑自己的人才有权利取笑别人。所以自我解嘲法既是幽默机智主角在气质、品质之外道德修养方面的要求，又是取得喜剧活动（包括滑稽、笑话、讽刺、幽默等）主动权的先决条件。美籍华人郑慧玲在《幽默的艺术》里说："我相信幽默的力量有三个层次……最高最佳层次，只有那些能笑自己，能对自己做趣味思想的人，才能达到这个境界。"而人一旦达到这个境界，生活对他来说就总是自由美好的，因为他有了处理任何一般问题的正确的心理基础。

　　事业上取得伟大成就的人，常常有一种谦虚的表示，这种表示有时就可以采用自我解嘲法。如在美国内战时期做出不平凡业绩的林肯，人家问他对于当总统有何感受，他不正面回答，打了个比方，说："你一定听说过这样一个故事，有人全身被涂满焦油、插上羽毛，然后装上火车运往外地，人们问他有何感受，他说要不是为了这事的荣誉，我宁愿下车步行。"伊斯兰教创始人穆罕默德自信能用虔诚的祈祷使高山移就眼前，一大群弟子前来观摩，结果未能如愿，眼看要当众出乖露丑，不料穆罕默德接着说："山不就我，我去就山。"说着向山走去。这是很有启发性的。当我们殚精竭虑追求某一目标而未得时，绝不要赌气或懊丧，与其让命运开你的玩笑，不如采用自我解嘲法，开开命运的玩笑。

　　美国作家马克·吐温出生时是双胞胎，兄弟两人长得一模一样，连母亲也分辨不清。在一次洗澡时，其中一个不小心跌入浴缸淹死了，没有人知道淹死的究竟是哪一个。取得盛名后，马克·吐温说："最叫人伤心的就在这里，每个人都以为我是活下来的那一个，其实不是，活下来的是我弟弟，那个淹死的是我。"这话的意思是说，取得成就的是弟弟，自己早已死了。他的自我解嘲达到了自我否定的地步，幽默机智的效果特别强烈。

既然能够自我否定，那么人生在世就没有不能自我解嘲的。

我们讲干部要做到能上能下，但是谁都知道，能上容易能下难，难就难在不会运用自我解嘲法，倒是古代有这样的例子。丁谓在宋真宗时，是一位十分显赫的宰相，但到宋仁宗时，却被贬到广东崖州做一个州里的下级官吏司户参军。他运用自我解嘲法，故意问同事们："你们说天下哪个地方最重要？"同事们说："当然是京城。""不，"丁谓笑着说，"我看是崖州最重要，因为宰相到了这里，只不过做个参军。"从宰相降到参军，能够这样超脱，这样进行自我解嘲，实不容易。

修养达到一定程度，对于自己的成就就看得轻了，到后来，甚至对于自己一生为之奋斗、为之奉献了美好生命的事业，也能表现出一种淡泊的情怀。如清代担任《四库全书》总编辑的大学者纪晓岚的自挽联：

浮沉宦海如鸥鸟
生死书丛似蠹鱼

清代著名文人、"性灵"说的创导者袁枚的自题联：

不作公卿，非无福命都缘懒

难成仙佛，为爱文章又恋花

清代大学问家梁章钜的自题联：

客来醉、客去睡，老无所事殊可愧

论学粗、论政疏，诗不成家聊自慰

做官、事业，都是身外之物，那么反躬自省，对于长相，也不妨自我解嘲，如魏晋名士唐僧渊相貌怪异，眼窝陷得很深，鼻子又奇高，别人取笑他，他却嫌说得不够，他说自己的鼻子是脸上的山，眼窝是脸上的渊，山不高则不灵，渊不深则不清，使取笑的人听了只得甘拜下风。

人生的最后一关是死，而在生前就能勘破这生死之门，恐怕并不容易，尤其对于死的自我解嘲，更是十分难得。英国诗人济慈的墓志铭是他自己写的："这里，又有一个人的名字写在水面上了。"言下之意是自己的名字一定会很快就被人忘掉。美国作家史蒂文斯自己写的墓志铭是："水手上岸，猎人回家。"他把人生比作战场，而死则是一种解脱，是从疲劳的战斗进入永恒的休息。

巧妙联想出幽默

我国有一句老话叫"理儿不歪，笑话不来"。幽默机智的各种方法，除了像前面所讲的带有根本性的以外，属于具体的技巧，一般来说大多是反常方法，仅有极少数是正常方法。如果把正常方法叫正法，把反常方法叫歪法，那么，要产生幽默机智的效果，就必须正法歪用、歪法正用。这里讲的缘物联想法，就是属于正法，正法必须歪用。下面我们根据联想的种类，按相似、相近和相反，分别举例分析如何做到正法歪用，产生幽默机智的效果。

一、我们经常看到公共场所贴有"禁止吸烟"、"请勿吸烟"的字样，有的还加了说明："为了保持环境卫生，请勿吸烟"，"为了您和他人的健康，请勿吸烟"等等。这些当然没有任何幽默可言，但在美国一家候诊室里却是这样写的："为使地毯没有洞，也为使您的肺部没有洞——请勿吸烟。"这就产生了强烈的幽默效果。烟蒂丢在地毯上，可能会烧出一个洞，吸烟太多也会影响一个人肺部的健康，这两件事，都用一个"洞"联系起来，这是相似的缘物联想法。但是这两个洞却不一样，地毯上的洞是实的，肺部上的洞是虚的，这里把一实一虚强扭在一起，这就是正法歪用，幽默机智的效果正是由此而来。

二、英国侦探小说家克里斯蒂的丈夫是个考古学家，有人问她为什么要找一个考古学家？这种问题本来是无意的，因为任何人都会回答：我爱的是他这个人，不是他的职业，他干什么工作，不是最主要的。这样回答虽没有错，但显得平常。克里斯蒂却别出心裁，表现了一下幽默机智的情趣，她说："对于女人来说，考古学家是最好的丈夫，因为一般的人喜欢妻子年轻，只有考古学家，才会一直爱到老，并且愈老愈好。"这里当然有调侃的成分，考古学家癖好于古，由古联想到老，由老联想到年龄，那么要想爱情永久，老而弥笃，非考古学家莫属了。这是相近的缘物联想法。考古学家与爱情的年龄问题，本来没有关系，但通过从古到老再到年龄这一番转折，竟似乎联系了起来，于是，随着歪理的成立，幽默机智的效果也就随之而产生。

同样性质的例子：唐朝高崔巍，为人耿直，一次得罪了敬宗皇帝，皇帝很生气，命人把他按到水里喝水，以示惩罚。哪知他出水后，竟哈哈大笑。皇帝说："你有什么可高兴的？难道还嫌水喝得不够吗？"高崔巍说："我在水里遇见了屈原，他说：'我逢楚怀王无道，才投江身死，你如今遇盛世明主，为何也到水里来呀？'"高崔巍幽默机智的情趣毫不亚于克里斯蒂，尤其他是处在皇帝生气的时候，冒险而说，从喝水想到投江，从自己与敬宗想到屈原与怀王，相近的联想却点缀了一句"盛世明主"，弄得敬宗皇帝啼笑皆非。

三、英格兰国王威廉二世率兵进攻英格兰东南的佩文西，出征时不慎被绊了一跤。当时手下将士都大惊失色，认为是不祥之兆，可是威廉却随手抓起一把泥土，高举过头，大声喊道："感谢上帝，英格兰的国土就在我的手中！"众人闻言，一齐欢呼，顷刻之间士气大振。任何人不小心摔跤，都会感到沮丧，何况正值出征之时，众目睽睽之下！但威廉却急中生智，运用相反的缘物联想法，反而把它说成是大吉大利：俯身向地，不就是去抓泥土吗？出征不也就是去争夺国土吗？这是歪理，是正法歪用得出的歪理，全体将士为威廉的巧妙解释而欢呼，为他说的理儿虽歪却仍不失为理而欢呼，幽默机智的效果已尽在这欢呼声中体现出来了。

同样性质的例子：有一位妇人来找林肯总统，想替儿子谋取上校的职位。她理直气壮地说："总统先生，你一定要给我儿子上校的职位，这不是你的恩赐，而是我们的权利。因为我的祖父曾参加过雷新顿战役，我的叔父在希拉敦斯堡是唯一没有逃跑的人，我的父亲又参加过纳奥林斯之战，我的丈夫是在曼特莱战死的，所以……""夫人，"林肯道，"你们一家三代为国服务，对于国家的贡献实在够多了，我深表敬意。现在你能不能给别人一个为国效命的机会？"

功臣之家，儿子享受一点照顾，是理所应当，但要给官衔，却又变成封建的那一套了。林肯如果顺着妇人的思路，就会讲不清楚。他发现妇人把官衔当作了一种荣誉，而他指出，官衔其实是一个为国效命的机会。于是他从妇人一家获得了那么多机会，联想到还有很多人还没有得到过这种机会。这就等于从另一角度，否定了妇人的要求，否定得又是那么委婉，那么风趣，这不能不说是运用相反的缘物联想法，获得了幽默机智的效果。

逆向思维显机智

中国共产党创始人之一何叔衡先生，很善于做青年思想工作。当有几位女同学问他："何先生呀，我们女子几时才能得到自由？"他的回答是一句反问："你们看见被军阀砍头的人之中，有没有女的呢？"她们齐说："没有，尽是男的。"何叔衡先生意味深长地说："你们如果看到十人之中，有两三个是女子，那你们的自由时期就到了。"

请想一想：何先生的回答，与一般情况相比，有什么不同的地方？

有一个婚姻介绍所，开张之日请人题词，于是"红娘"、"爱神"、"鹊桥"、"槐荫树"、"月下老人"等等都来了，这些名称并非不好，却嫌司空见惯，过于眼熟。这时有一人题了四个字："与人作对"，众人无不称赞。

以上两个例子，采用的都是"逆向思维法"。

"逆向思维"这个概念，在我国20世纪80年代曾经是热门话题，好像是一大发现。其实逆向思维只不过是多种思维方法里的一种。

我们一贯重视两分法，对于任何事物都要求同时看到两个侧面。国外有所谓"两面神思维"，两面神是古罗马的门神，能够同时向两个相反的方向进行观察，用来指我们的思维，要同时考虑到两个（或更多个）并存的、同样起作用或同样正确的、相反的或对立的概念、思想或印象。这里都包含了逆向思维的运用。但是大人不喜欢小孩发展逆向思维，因为小孩发展了逆向思维就不好管；专制统治不喜欢臣民发展逆向思维，理由也是一样，你说东他偏要西，总是增添许多麻烦。然而一个充满生机的社会，一个充满乐趣的家庭，是不会扼杀逆向思维的。因为逆向思维意味着打破常规，意味着思想活跃，意味着改革进取。所以幽默机智绝不能忽略逆向思维这种方法。

与缘物联想法恰恰相反，逆向思维法属于歪法，歪法正用，运用逆向思维讲出来的话，经常会出人意料，使别人冷不防一阵惊疑，这时只要这话有一点道理可以讲得通，就能收到特殊的幽默机智的效果。

美国青年汤姆到北京某公司任职，在这之前他只在夜校学过一个月中文。几星期后，两位美国朋友来看他，问道："你在中国碰到麻烦了吧？"语言不通，当然会碰到不少麻烦。但是汤姆却采取逆向思维法说："不，倒是中国人碰到了麻烦。"两位朋友哈哈笑了。应该说，一个外国人不熟悉中文，只身落在中国人中间，他碰到的麻烦是主要的，所以人们的思路都侧向这边。但是逆向思维法偏偏把思路引向另一边。因为既为麻烦，当然是双方的，另一边碰到的麻烦虽然少，却也不能说都没有。汤姆采取逆向思维法，就是指出了这容易被忽视的另一边。语出突然，又合情理，幽默机智的效果油然而生。

发明大王爱迪生致力于制造白炽灯泡，关键是要找到一种适合做灯丝的材料。科学实验的难度很大，他屡试屡败，据说失败了一千两百次。有人带提醒地取笑他："你已经失败一千两百次了。"但是他仍然锲而不舍，不仅信心毫不动摇，而且洋溢着一种乐观的献身精神，他采用逆向思维法风趣地回答："不，我的成绩是发现了一千两百种材料不适合做灯丝。"别人说他失败，他偏偏说是成绩，从失败中看到成绩，取的是一条与别人迥然相反的思路。这里包含的意思是：即使自己最终还没找到这种材料，起码也可让后人少走许多弯路。说得完全在理，在运用逆向思维法取得幽默机智效果的同时，更表现了爱迪生广阔的胸襟。

一位顾客到饭馆吃饭，哪知米饭中沙子很多。试想一下，如果我们遇上这种情况会怎么样？一般都要向这家馆子提意见，有的可能还会吵骂起来。但是这位顾客却不这样，而是把沙子吐出来，一一放在桌面。服务员见此情景，有点抱歉地说："尽是沙子吧？"只见他摇摇头略带微笑地说了一句："不，也有米饭。"你说沙子，我却不沿着你的思路去讲沙子，而是反过来讲米饭，你说沙子多，我却说也有米饭。这是何等风趣又具有分量的批评！馆子是卖米饭的，而碗里居然沙子多得只能说"也有米饭"，这比任何正面批评沙子多的话，分量都重。

上面所举三个例子，如果第一个例子只是调侃，那么第二个例子便是自卫，而这第三个例子简直就是进攻，表面轻描淡写，实际犀利尖锐。这几个例子虽然作用和效果各不相同，却都是采用逆向思维法取得幽默机智效果的典范。

下面再举一个似顺而逆的例子。俄国著名寓言作家克雷洛夫生活穷困，他租房间时，房东要他在租契上写明，一旦失火烧了房子，要赔偿一万五千卢布。克雷洛夫看了租契，不动声色地在一万五千卢布后面又加上两个"0"。房东喜出望外地问："你愿意赔一百五十万卢布？""是呀，"克雷洛夫笑笑说，"反正一样赔不起。"

这里，克雷洛夫表面上是顺着房东的意思，你要我赔这么多钱，我愿意再加多些，其实他是采取逆向思维法，下定决心不想赔，既然不想赔，乐得把数目写大些。这种逆向思维法的运用比较特别，要细心分析。

偷换概念讲机巧

　　概念、判断和推理，都属于逻辑学的问题，一个人要进行正常思维，就必须遵守逻辑规律。但是人们往往在各个环节中，会出现这样那样的错误，这些错误为正常思维所不允，有些是属于无知，有些是属于诡辩。诡辩是一种反常思维，这种反常思维也有一定的规律，即所谓"诡辩术"。我们在探讨幽默机智的方法时，需对诡辩术加以研究，并适当借鉴。

　　关于概念问题，逻辑学要求我们在思维过程中对所使用的概念要有确定的内容，即有确定的内涵和外延，如果概念不确定，不能确有所指，既可以指这个，又可以指那个，同一个概念在前面是指一种意思，到后面又指另一种意思，那就会出现思想混乱。这是逻辑思维基本规律之一同一律里所讲的内容，这里经常出现的纰漏，就是偷换概念。

　　下面举几个例子加以说明。古希腊一位诡辩论者对他朋友说："你没有失掉东西，那么你就是有这件东西，是不是这样？"答："是这样。""你没有失掉头上的角吧？那么你的头上就是有角的了。"
被问者上当了，因为没有失掉的东西，不等于就有这件东西，这两
句话不是同一个概念，起码前一句话少了个前提。应该是在已有的
东西里面没有失掉，才会继续有；凡没有的东西，就不会失掉，也
不会变成有。第一句话使用的概念被偷换了，所以结论不会正确。
那么那位诡辩论者的用意何在呢？如果硬要把这样不正确的结论强
加于朋友身上，那是荒谬的，但如果仅仅为了开开玩笑，那就是作
为幽默机智方法中的偷换概念法。偷换概念法违反同一律，所以是
歪法，但又把错的当对的来接受，所以是正用，幽默机智的效果正
是从这歪法正用中产生。

从前有个人在同事面前吹嘘，当问
起他在家里的地位时，他大言不惭地说：
"绝对权威！大事听我的，小事才由老
婆做主。""哪些是小事？""买彩电、
冰箱、组合柜等等。""那么哪些是大
事呢？""两伊战争怎么结束，布什能不
能当总统，明年是旱还是涝等等。"这
里把"大事"和"小事"的概念偷换了。
与两伊战争怎么结束、布什能不能当总
统、明年是旱还是涝相比，当然买彩电、
冰箱、组合柜是小事。但是那些"大事"
是国家的事，而不是家庭的事，而买彩电、
冰箱、组合柜，却确确实实是家庭的大事。

这位朋友显然只是开开玩笑，富于幽默机智的情趣。

有这样一个例子：一个穷人向熟人借了钱，到餐馆去吃价格昂贵的鲑鱼炒鸡蛋，恰巧被债主撞上了，问："你借了我的钱，马上就来吃鲑鱼炒鸡蛋，你就是为此而借钱的吗？""我不懂你的意思，"穷人说，"没钱时，我吃不起鲑鱼炒鸡蛋，有钱时，又不该吃鲑鱼炒鸡蛋，如此说来，我什么时候才能吃呢？"想象那位穷人被债主撞上，一定尴尬，所以只得采用偷换概念法敷衍搪塞。没钱时，吃不起，有了钱，当然可以吃，但关键在于他并不是真的有钱，而只是借的钱，所以表面上讲得似乎有理，其实是偷换了概念，那位债主如解风趣，一定会感受到幽默机智的效果。

日本著名政治家，前首相田中角荣，大概出于对老年政治的反感，很早就宣布自己无论如何到 55 岁便退出政坛。然而光阴飞逝，一晃到了 55 岁，他却正是精力充沛、宏图初展的时候，怎肯甘心激流勇退？有人故意旧话重提，将他一军，他干笑了两声，答道："我宣布五十几岁退休的话是在二十多年前说的，那时人的平均寿命不到六十，现在都超过七十了嘛！"这里他避开了退休年龄这个关键性数字，这个数字包含的原意是政治家自己引退，现在一下子转到了与人的平均年龄的对比意义上，使原话中的绝对数字变成了相对数字。他为自己食言找到了借口，虽然人人皆知这借口只是一种诡辩，但幽默机智的效果则已显出。

上面几个例子都有自我调侃、自我解嘲的性质，下面再讲一个阿凡提的故事，看看他怎样运用偷换概念法惩罚坏人。

阿凡提在当理发师时，有一个大阿訇经常来理发，却从不给钱。

阿凡提决心治他一下。那次在刮脸的时候，阿凡提故意问："你要眉毛吗？""当然要，这还用问！"大阿訇说。阿凡提立即用剃刀嚓嚓几刀就把他两条眉毛刮下来，递到他手里，大阿訇气得说不出话。阿凡提又问："你要胡子吗？"大阿訇连忙改口说："不要不要！"阿凡提又嚓嚓几刀把他的胡子刮下来，甩在地上。这里，第一次大阿訇说要眉毛，原意是要保留，阿凡提故意把"要"的概念偷换了，换成剃下来交给他。第二次大阿訇改口说不要胡子，原意是不要刮下来，阿凡提又故意把"不要"的概念偷换了，换成他不想保留。这样就把这位爱贪小便宜的人的眉毛胡子全刮光了。

自相矛盾有笑点

有一次，阿凡提从集市买回三斤肉，要妻子包饺子，准备晚上回来吃。哪知妻子把肉炒熟后自己全部吃掉了，到晚上只给丈夫端上一碗白面皮。"饺子呢？"阿凡提问。妻子回答说："当我切好肉，动手揉面的时候，你那该死的猫，偷偷地把肉都吃光了！"阿凡提听后一声不吭，把猫抱起放在秤盘上一称，那猫不轻不重恰好三斤，就对妻子说："你瞧，你瞧，那秤盘上是什么呀？如果是猫，那么肉呢？如果是肉，那么猫又到哪儿去了？"这里阿凡提对于妻子当面撒谎，表现得从容不迫、不动声色，把猫放到秤盘上，顿使妻子陷入了自相矛盾的境地。阿凡提的妻子解释得很巧妙，但是她的解释里有漏洞。这个漏洞是比较隐蔽的，稍不注意就会疏忽过去。阿凡提却丝毫没有放松，他揭露得更巧妙，原来隐性的矛盾终于得到了显现。

我们再看下面这个例子：一位胖子找医生寻求减肥的妙药，医生说："你应该多喝浓茶。""我几乎每分钟都在喝！"胖子答。"你应该多运动，少睡觉。""我每天只睡三四个小时！""那么你每天只吃一片面包，肯定马上会瘦下来的！""太好了！不过，是饭前吃，还是饭后吃？"

医生要他一天只吃一片面包，他问是饭前吃还是饭后吃，那就不是减食，而是加餐了。自相矛盾，引人发笑。胖子要求减肥心情迫切，医生所开的药，一是喝浓茶，二是少睡觉，三是减食，均属一般知识范畴，显然不能满足胖子的要求，于是胖子就故意傻里傻气地用自相矛盾法嘲弄了医生。所以说话自相矛盾的人有时倒不一定表现自己愚笨，而是可以嘲弄别人。

原来隐性的矛盾，还包括时空的阻隔。如这样的例子：当农村开始推行联产承包责任制时，农民心里不踏实，干部在屋里开会，一位老汉挑着粪担在门外等，问他："你在这里等什么？"他说："等你们开完会。""为啥？""看你们的政策还变不变？""你放心吧，保证三十年不变。""就怕你们一天等于二十年！"

这位老汉真是幽默大师。"一天等于二十年"的口号在20世纪50年代曾经叫得很响，农民至今犹记在心，所以今天说"三十年不变"时，便与50年代的口号联系了起来。一天等于二十年，那么，"三十年不变"也只不过是一天半时间而已。这个问题干部当然无法解释清楚，看来只有事实才可以解释清楚。

由于事物是由矛盾组成的，所以矛盾双方既可以互相排斥，又可以互相补充。如美国当代作家海勒的《第二十二条军规》，是一部"黑色幽默"代表作。关于黑色幽默，我们另作介绍，这里主要来讲一下那条令人困惑的"第二十二条军规"。作为某种非人力所能控制的力量的体现，第二十二条军规就是一个矛盾集合体，小说以主人公尤索林的经历，对它做了详尽的发挥。你看，尤索林指望回国，第二十二条军规规定：空军军官必须完成规定的战斗次数才能回国。他达到了次数，但第二十二条军规又规定：无论何时都得执行司令官命令你所做的事，即使在你飞满规定的次数后叫你飞行，你还得要去。这样，他回国又没了指望。第二十二条军规规定：一切精神失常的人员都可以不完成规定的战斗任务，立即遣送回国。但第二十二条军规又规定：要停止飞行，必须由本人提出申请。这样，如果真疯了，只要提出申请，即可停止飞行，而一旦提出申请，又恰恰说明没疯，就得继续飞行。这是一条捉弄人、折磨人的"军规"，其所以能够捉弄人、折磨人，乃是因为它是由互相矛盾法构成。这条军规既包括了矛盾的这一方，同时又包括了矛盾的另一方，那么这条军规就无所不包，因此紧紧纠缠着人，绝对无法摆脱。这里的幽默机智是比较特殊的，它的效果让人啼笑皆非。

现象接装有情趣

欧洲文艺复兴时期法国作家拉伯雷，在讽刺小说《巨人传》里写到，巨人高康大来到巴黎，被巴黎市民追随，逃到圣母院的钟楼上。他望见巴黎市民仍然包围不散，一时性起，就解开裤裆狠狠地撒了一泡尿，一下子冲死了二十六万零四百一十八个人。有几个靠腿脚灵活，逃脱出来，有的气愤不已，有的却觉得好玩，说："这个……这个……这个……这个玩笑可太大了，可太'巴黎'了！"法语"巴黎"与"开玩笑"是同音，作者顺带写道："这座城叫'巴黎'，便是从这时开始的。"这里对于巴黎市名由来的解释是没有任何根据的，作者的意图是对那些自以为高人一等的巴黎市民的嘲讽与戏弄。

我们知道，巴黎市名真正的由来是：两千多年前有一支叫"巴黎西"族的渔民曾在西岱岛生活，西岱岛是从法国东部朗格尔高地流出的塞纳河中的一个小岛。那时岛上森林遍布，沼泽纵横，根本没有人烟。大约在公元4世纪初，才逐渐发展，就采用了西岱岛古老居民的名字来命名。"巴黎西"是船工、水手的意思，今天巴黎市的标志上那艘很白的帆船，就是它起源的见证。认真考证巴黎市名的由来，那是历史学家或地理学家的事，拉伯雷在这里根本无意于科学的考证，他只是信手拈来，借题发挥，不放过任何一个能获得幽默机智效果的机会。他所采用的这种方法，叫现象接装法。

现象接装法就是不顾客观实际，片面地根据表面现象来解释原因和结果。这个方法当然是歪法。

晋明帝司马绍幼时十分聪明，一天正坐在父亲晋元帝的膝上，这时刚好有人从陕西长安赶到京城建康，元帝问他："你说长安与太阳哪个离我们远？"他答："太阳远，因为只听说有人从长安来，没有人从太阳来。"元帝十分高兴，第二天在群臣宴会上，就把他与儿子的问答告诉了大家，并且颇为得意地当众又把昨天的问题再问一遍。谁知儿子的回答变了，说是"太阳近"。元帝大为诧异说："怎么答的与昨天不同了呢？"司马绍说："因为太阳抬头就能看到，长安看不到呀！"

长安与太阳到底哪个近是一个问题，而这里的回答又是一个问题。说长安近，用的是现象接装法，因为没有人从太阳来，并不能作为断定太阳远的理由，而说太阳近，用的也是现象接装法，因为看不到，同样不能作为断定长安远的理由。我们要求年幼的司马绍的回答要符合客观现实，这是一件事，而在这里我们称赞他聪明，正是因为他把现象接装法运用得那么好，以至于那么富于幽默机智的情趣。

现象接装法用在今天，一样出效果。如有人慨叹："古人没有电视、冰箱、空调，怎么活呀?"某人答道："所以古人都死了。"有人慨叹："2月份节日多，花钱特别大。"某人答道："所以2月份只有28天。"

法国国会议员、埃及纳尔市市长菲利普·塞甘因有一句讽刺前总统德斯坦的俏皮话，荣获1990年法国政治幽默俱乐部杰出奖。那句话是这样说的："1974年，法国人要一个年轻人当总统，他们选了德斯坦。1995年，他们要一个老人当总统，他们仍将选德斯坦。"这句话对德斯坦的政治才能和政治机遇做了挑衅性的批评，它用的是现象接装法。

最后再举一例。一家大公司的职员比尔，常在办公时间去理发。这当然是违反公司规定的。一次刚巧被公司经理碰上了，经理说："你好，比尔，我看见你在办公时间理发。"比尔知道这句话的分量，但已至此，也没有其他办法，索性镇静地回答："是的，经理，你看我的头发都是在办公时间里长出来的。"他用的是现象接装法，话没讲透，意甚明白，他说我的头发是办公时间里长出来的，现在在办公时间里把它理掉，也不算什么。哪知经理紧追不舍，说："不是全部吧，其中一部分是在下班时间里长的。"比尔马上接下去："是的，经理，你说得对极了，所以我只剃去一部分而不全部剃掉。"

诡辩必须讲艺术

诡辩推理法是一种地道的歪法。那么什么是诡辩？黑格尔在《哲学史讲演录》里曾做过这样的概括："诡辩这个词通常意味着以任意的方式，凭着虚假的根据，或者将一个真的道理否定了，弄得动摇了，或者将一个虚假的道理弄得非常动听，好像真的一样。"这里讲的是逻辑学里的诡辩，主要有三点：一、"任意的方式"和"虚假的根据"是指故意违反逻辑规律和规则。二、"真的道理否定了，弄得动摇了"和"虚假的道理弄得非常动听，好像真的一样"是指其目的是弄真成假或弄假成真。三、它有貌似正确的特点。

历史上曾出现过一些以诡辩著称的哲学家，如古希腊有名的"半费之讼"，欧提勒士向普罗泰戈拉学法律，两人订的合同是欧提勒士先付一半学费，另一半学费等欧提勒士第一次出庭打赢官司时付清。但欧提勒士毕业后并不出庭打官司，普罗泰戈拉等得不耐烦，就对欧提勒士讲，准备向法庭提出申诉，自己可以稳操胜券，因为："如果这场官司我胜，那么按法庭判决，你就应付清另一半学费；

如果这场官司你胜，那么按合同所约，你第一次出庭打赢官司，也得付清另一半学费。"哪知欧提勒士以老师之道还治老师之身，他论证了自己完全不必再付另一半学费的理由，因为："如果这场官司我胜，那么按法庭判决，我就不必再付另一半学费；如果这场官司你胜，那么按合同所约，我这次出庭没有打赢官司，也就不必支付另一半学费。"师徒两人，都似有理，真是一对诡辩家。

上面是逻辑学里的诡辩术，这种诡辩术是对于正确思维的一种干扰，在学习和工作中是应力戒的，但我们在寻求幽默机智的效果时，却可以而且完全值得借鉴。同时还应说明的是，作为幽默机智方法的诡辩推理法，并不等同于逻辑学里的诡辩，它还包括一些不算违反逻辑规律和规则，并且不一定是弄真成假或弄假成真的情况。

先从我国古代的一首《琴诗》谈起：

若言琴上有琴声，放在匣中何不鸣？

若言声在指头上，何不于君指上听？

这是宋代大诗人苏轼写的。我们知道，琴声是琴和抚琴的手指结合的产物。这首诗前两句与后两句分别抓住一个片面发问，把实际是结合的产物一定要归为一边，当然哪一边都不是。作者以此引起读者的趣味和深思，幽默机智的效果随之而来，这就是诡辩推理法的效果。弗洛伊德也举过一个诡辩推理法的例子：一位绅士走进商店，叫售货员取出一块珍贵的糕点，随即又把糕点退还店里，另要了一杯酒，把酒喝了，没有付钱，转身想走。售货员拽住了他，他问："你干吗拽我？""请付酒钱。""我已经用糕点把它顶替了。"这位绅士的意思是自己是用糕点换酒的。"但是你也没有付糕点钱。""是的，但是我并没有吃你的糕点呀。"问题就出在用糕点换酒这个概念，糕点本不是他的，如何能用来换酒？下面没吃糕点，更增添了障眼法，明显的错误却似乎挺有道理。以上两个是运用诡辩推理法，故意违反逻辑规律和规则，造成弄真成假或弄假成真的例子。

不违反逻辑规律和规则、不一定弄真成假或弄假成真，也可能属于诡辩推理法，一样能产生幽默机智的效果，那就是在讲话时故意违反了一般的常情常理。如相声《友谊颂》里说中国与非洲相距十多里，这明显不对，而奥妙就在这"多"字上面，说十"多"里，原来是十里还多了一万多里，他把大数据在后面，是违反一般的常情常理的，但很难说违反了哪条逻辑的规律和规则，也没有造成弄真成假或弄假成真的事实。这就是追求纯粹的幽默机智效果。

古时有一个人请了四位朋友到自己家相聚，当他听说其中一位是坐轿来的以后，立刻叫好。别人问他好什么，他说："坐轿而来，威风之至！"另一位忙说自己是骑马来的。他又叫好，并说："骑马而来，潇洒之至！"第三位说自己是走路来的。他接着说："走路而来，从容之至！"第四位一听索性难他一难，说自己是爬着来的。他举手加额："爬地而来，稳当之至！"众皆大笑。此人的幽默机智，都由诡辩推理法而来。你看他，不管人家如何来法，均有应答之辞，难为他想得出各有各的好处，四个好处加起来，便是无所不好。所以善于诡辩的人总是有理的。

据说宋朝丞相王安石之子王雱敏慧过人。七岁时，有人送给他家一只鹿和一只小獐，同装一笼，送的人故意问他："你知道哪只是鹿，哪只是獐吗？"王雱从来没见过这两种动物，当然分辨不出，但见鹿獐并排蹲着，灵机一动，很快答道："鹿旁边那只是獐，獐旁边那只是鹿。"这话当然讲了等于没讲，但回答得无懈可击，故而极其巧妙，带有诡辩色彩，产生了幽默机智的效果。

同样富于诡辩色彩的还有一则法国幽默：

一个人因骂别人是猪，被传到法院，结果罚款 200 法郎。他不服地说上次也骂人是猪，只罚 150 法郎。法官没有在他是重犯上做文章，因为罚款多少无须解释，所以就笑笑说："因为猪肉涨价了。"由于猪肉涨价，所以骂人是猪的罚款也应提高。这是用诡辩来调侃。

诡辩推理是一种歪法，仅仅作为幽默机智的方法，它具有良好的效果。此外，如果把歪法用于对付邪恶，更不失为一种有力的武器。例如莎士比亚著名喜剧《威尼斯商人》里的鲍西娅就是运用诡辩推理法战胜贪心狠毒的高利贷者夏洛克的。此剧讲商人安东尼奥为帮助朋友成婚，向高利贷者夏洛克转借现金，夏洛克出于妒恨，假意不收利息，约定到期不还则割取安东尼奥胸部一磅肉。到时果然无法归还，便诉诸法庭，夏洛克一定要割肉才肯罢休。开庭之日安东尼奥朋友的未婚妻鲍西娅假扮律师，指出他只准割取一磅肉，而不准使之流一滴血，并且也不准割得超过或是不足一磅的重量，否则按照威尼斯法律就要充公他的财产，并抵偿性命。夏洛克的阴谋终于失败，鲍西娅运用歪法战胜了邪恶。

归谬论证出奇效

古代有一种宫廷里的官职叫"俳优"。俳优是以滑稽的言行娱悦帝王和公卿大臣。我国古籍《左传》《战国策》里都有关于他们活动的记载，司马迁的《史记》里还专门写了一篇《滑稽列传》，记载了"优"的行藏。西方古代也有"优"，这一点倒是东西方相同的。"优"的地位十分有趣，既接近权贵，又仅仅是为权贵取乐而已，他们也想为国出力，干预政治，但由于这种特殊的职业和地位，使他们不得不采取比较特殊的方法，在娱悦帝王的同时，达到部分目的。他们所经常采用的方法，就是归谬论证法。

归谬论证法是指：当我们发现对方意见谬误时，不予驳斥和争辩，而是顺着他的思路，把谬误推导出来。对方的意见原来可能只考虑到一方面的效果，而忽略了另一方面的影响以及可能产生的副作用，所以归谬论证就有意朝这些方面推导。这种推导有时可以适当夸大，使谬误更加明显，这就等于给对方戴上望远镜与显微镜。在整个推导过程中，自己始终表现得十分真诚,而且越真诚效果越好。

对方感到你如此真诚地按照他的意见进行设想，而结果又是如此荒谬，往往会禁不住哑然失笑。这笑是笑他本人的愚笨，于是你的目的也达到了，这就是古代"优"人所采用的归谬论证法的效果。

春秋时期楚庄王的一匹爱马死了，他要为马办丧事，还要按照"大夫"的规格，用棺椁厚礼埋葬。大臣们纷纷劝阻，他居然生气地说："再有敢为这件事进谏的，格杀勿论！"优孟闻知后立即去见楚王。他一上来就掩面大哭，似乎十分伤心，他说："用'大夫'的规格埋葬大王的爱马显得太寒碜了，我看要用人君的礼仪葬马。"楚王问："那怎么葬呢？""大王，"优孟一本正经地说起来，"用玉雕的棺，梓木的椁，用楩枫、樟木等优质木材做棺椁外面的材料，派全副甲胄的武士去挖墓道，让老弱百姓去背墓土，请齐赵两地的来宾陪祭于前，韩魏两地的来宾随送于后，像祭太庙一样摆上太牢祭品，再让万户人家的县邑负责祭祀。这样，其他诸侯就都知道大王您是如何重马而轻人了。"这一番话顺着楚庄王要按照"大夫"的规格为马办丧事的意思，充分展开，昭示了重马轻人的后果，终使楚庄王有了悔悟之意。

秦二世胡亥执政后，为了炫耀富有，想把咸阳城油漆一新，优旃得到这个消息，立即称赞是个好主意，并望他千万不要半途而废，他说："漆城虽然对于百姓是个负担，可那多气派，而且城墙变得光滑，敌人就爬不上来了，就算要爬，也会被粘住。不过，漆城要阴干，这么大的阴棚怎么搭呢？"居然说得胡亥笑起来，这件事也就作罢了。

唐庄宗皇帝喜欢打猎，一次在中牟县打猎时马队踏坏了良田。

这个县的县令为民请命，挡驾劝谏。庄宗非常生气，命左右捆绑县令，准备砍头。身边的优伶敬新磨立即站出来，斥责县令道："你身为县令，难道不知道皇上喜欢打猎吗？为什么还要让老百姓种庄稼、交纳赋税呢？为什么不出空中牟之地，让皇上纵横驰骋呢？真是该死！"说完又请皇上立即把县令处死。结果庄宗大笑几声，把县令放了。

以上三个例子都是我国古代优人进谏的故事。皇上是很颟顸的，别人说不进去，优人却说进去了，他们采用的都是归谬论证法，在接受别人意见改变自己初衷的同时，能够感到幽默机智的情趣，这不能不说是归谬论证法的奇效。

今天，优人已不复存在，但归谬论证法却仍然广泛地得到运用。相声《笑的研究》中有这样一段：

　　甲：常言说，笑一笑，少一少。

　　乙：不，应该是：笑一笑，十年少。

　　甲：一笑就年轻十岁？

　　乙：啊。

　　甲：你这是定期的，我那是活期的。

　　乙：我们存款呢。

　　甲：你这理论不可靠！

　　乙：怎么？

　　甲：那谁还敢听相声？

　　乙：怎么不敢听啊？

甲：你今年多大岁数？

乙：四十。

甲：笑一回剩三十，笑两回剩二十岁，笑三回剩十岁，说什么也不敢再笑了。

乙：怎么？

甲：再一笑没啦！来的时候骑车子，走的时候抱走啦！剧场改托儿所啦！

这一段笑料是从"笑一笑，十年少"引起，"笑一笑，十年少"本来是一种夸张的说法，把它当作真有其事，当然是荒谬的，如今把正确的计算放在荒谬的基础上，得出的结论当然更加荒谬。

再如俄国作家赫尔岑在音乐会上，听到满场都是狂暴的节奏和刺耳的声响，用手捂住了耳朵。主办者向他解释说："这是流行音乐。"赫尔岑说："流行的东西，未必就是美的。"主办者反问："但是不美的东西怎么会流行呢？"赫尔岑笑着说："那么流行性感冒也是美的了！"这里，赫尔岑也是采用了归谬论证法，从流行音乐是美的，到流行的东西是美的，再到流行性感冒也是美的，论证的疏忽和结论的荒谬产生了幽默机智的效果。

机械类比灵活出击

除了演绎、归纳以外，逻辑学里还有一种叫类比推理，这是一种由个别到个别的推理，是从两个事物某些属性的相似或相异出发，根据其中某个事物的属性，进而推出另一个事物的属性的思维过程。

所谓机械类比，就是仅仅根据表面的相似，甚至假象来进行类比，它得出的结论往往是错误的。但是从幽默机智的角度来看，倒不失为一种方法。因为假如你一定要把错误说成正确，那就会令人讨厌，而公开错误，引导大家来欣赏错误，就可以产生幽默机智的效果。

有一则外国幽默可以说明这个问题。

甲说："我今天打死五只苍蝇，其中三只是公的，两只是母的。"乙好不诧异地问："你怎么知道苍蝇的公和母？"甲答："因为有三只是在酒杯上打死的，有两只是在镜子上打死的。"这位甲大概是根据男人一般爱喝酒,女人一般爱照镜子的癖好,运用机械类比法,断定死在酒杯上的是公苍蝇，死在镜子上的是母苍蝇。这个结论肯定是错误的，因为既然是机械类比，就不可能有正确的结论。但是问题在于：如果甲把这个结论当作科学的结论，要人相信，那是不对的，而如果甲也知道错误，却故意这样说，目的只是为了获得幽默机智的效果，那么应该承认，他是成功的。

一休禅师幼时曾不小心打破了老师的一只茶杯。这只茶杯是件稀世之宝，老师非常珍爱。他知道自己闯祸了，这时又恰恰听到老师的脚步声由远及近。他急中生智连忙把打破的茶杯藏在身后，当老师来到面前时，突然开口问道："人为什么一定要死呢？"老师回答："这是自然之事，世间一切，有生就有死。"这时一休拿出打破的茶杯接着说："这只茶杯的死期已至。"一休这是没有办法的办法，人是有生命的，所以有生有死，茶杯是无生命的，哪来什么"生"和"死"？但是一休打碎了稀世之宝，这算是一种解嘲，也是对老师请求宽恕的隐约的遁词。这里含有幽默机智的情趣，当然这是无可奈何的幽默机智。

齐国派遣晏子出使楚国，楚王在设宴款待时，暗中命人缚一人上来，楚王问："被绑的什么人，犯了什么罪？"军士答："禀大王，这是齐国人，犯了盗窃的罪。"楚王转头对晏子说："齐国人都是窃贼吗？"很明显，楚王的用意是想折辱晏子、折辱齐国。这种折辱似乎又很难反驳，因为表面上已是人证俱在。哪知晏子运用起类比推理回答："我听说，橘子原是生长在淮南一带，到了淮北就变种了，叫枳。橘与枳枝叶很相像，但味道不一样，为什么呢？那是水土不同的缘故。如今这些百姓在齐国的时候不偷不盗，到了楚国就变成窃贼，莫非是楚国的水土使百姓发生了变化吗？"晏子这番话巧妙地驳斥了楚王的折辱，这里用橘子来类比百姓，这种类比其实并不正确，属于机械类比，但是在这里已足够驳斥楚王。因为楚王仅仅根据一人犯罪就断定齐国人都是窃贼，本身就是论据不足。但是晏子如果进行正面辩论，肯定也说不清楚，与其说不清楚，不如采用机械类比法，以错对错，幽默机智的效果正是从这里产生。

相比起来，下面这则故事更为简洁明了。

阿凡提走到一家饮食店门口，见店主正抓住一位农民，要他付钱。农民说："我没有吃你们的饭菜，干吗要我付钱呀？"店主说："你已闻到了我的饭菜的香味，这与吃了我的饭菜有何区别？"阿凡提听说，就走上前去对店主说："请放了他，他的钱，由我来付。"说着他就掏出两个银元，拿到店主的耳边敲了敲，然后又把银元放进口袋。店主说："你没有付给我钱呀！"阿凡提回答："你已听到了我的银元的声音，这与拿了我的钱有何区别？"依照店主的逻辑，闻到了饭菜的香味，就等于吃了饭菜，那么，听到了银元的声音，也就等于拿了钱。阿凡提这里用的是机械类比，但这是以其人之道还治其人之身，要说阿凡提的逻辑荒唐，那么首先荒唐的是店主自己。

机械类比法当然属于歪法，把它用来对付那些歪理似乎特别管用。那些歪理你要跟他展开辩论，经常是纠缠不清，有时还没完没了，那么索性用歪法来治它。歪理碰到歪法，互相谬误百出，于是，幽默机智的效果就油然而生。

迂回曲折超越障碍

　　幽默机智的表现技巧从这节开始进入语言领域。语言作为人类最重要的交际工具，理所当然是幽默机智各种方法的主要载体。而在以语言为载体的各种方法之中，迂回曲折法理应列为首位。法国诗人马拉美说："指出对象无异于把诗的乐趣四去其三。"幽默与写诗在这一点上有共同之处，幽默引人发笑的方法，与滑稽、笑话、讽刺等均不相同，它天然地与机智结缘，着重启发人的悟性，它最大的特点是需要想一想才能领略，或者说是拐一个弯才能理解，如果不需要"想一想"，不需要"拐一个弯"，恐怕就不能算是幽默。所以迂回曲折法乃是幽默机智的基本方法。

　　老师问学生："桌上有四只苍蝇，打死了一只还剩几只？"有的人把它当作简单的数学计算，于是四减一还剩三，这就毫无意思。因为除被打死的那只外，其余的苍蝇都是活的，根据日常经验，它们在受到惊吓以后立即会飞逃，所以正确的答案是仅剩死的那一只。这个问题就是启发学生学会用迂回曲折法来思考问题。

　　美国作家马克·吐温与人合写长篇小说《镀金时代》后，接受了记者采访，当问起小说中的主角狄尔华绥与国会议员有无联系时，马克·吐温压抑不住对那些政客的愤怒，骂道："美国国会中有些议员是婊子养的。"这是一句直露的骂人的话，这句话在报纸上披露后，国会议员大为恼火，纷纷要求马克·吐温予以澄清或赔礼道歉。马克·吐温无奈，只好在《纽约时报》刊登启事："日前小的在酒席上发言，说有些国会议员是'婊子养的'，事后有人向我兴师问罪，我再三考虑，觉得此言是不妥当的，故特登报声明，把我的话修改如下，敬祈谅鉴。即：美国国会中有些议员不是婊子养的。"这句话耐人寻味，与前面那一句"有些议员是婊子养的"是异曲同工，甚至分量更重。任何人都可以看出，马克·吐温的这则启事是在道歉的幌子下再一次攻击了国会议员，这次攻击所用的方法与前次不同，上次是直露的，这次是迂回曲折的。

　　我国古代魏晋时期有个孔融，自幼敏慧，受到长者的称赞，不料其中有一位不以为然，说："小时候聪明伶俐，大了不一定有出息。"孔融一听立即接着说："我想您小时候一定非常聪明伶俐吧！"这句话不啻是骂他没有出息，那么巧妙而又不动声色。

　　以上两个例子都是研究骂人的艺术。骂人是双方矛盾激化的表现，所以有修养的人往往喜欢采用迂回曲折法，采用迂回曲折法骂人，一方面让挨骂的人发作不得，另一方面由于迂回曲折法需要"想一想才能领略"，"拐一个弯才能理解"，似乎更加重了骂人的分量，这里当然包含了幽默机智所起的作用。因为需要别人"想一想"，"拐一个弯"，说明思路上有障碍，别人通过"想"和"拐"，也就是能够超越障碍，达到"领略"和"理解"，就会感到一阵轻松，幽默机智即随之而来。

除了骂人以外，迂回曲折法在日常生活中还有更广泛的用途：

有的是有意避讳——

明代《笑禅录》里讲某人爱好下棋，棋艺却平平，一次与人连下三局皆输，当别人问他时，他自觉好没意思，就采用迂回曲折法回答："第一局我没赢，第二局他没输，第三局我想求和他偏不肯。"这三句话是一个意思的三种说法，巧妙地掩饰了自己的窘态，反而因此受到人们的称赞。

有的是对严肃的事做轻松的处理——

日本一家银行扩员，经理和人事部主任接见一批经考试合格的人选，发现其中有不少留着长发。日本大银行都不允许职员留长发，因为留长发会让顾客对他们产生颓废和散漫的印象，有损银行的声誉。人事部主任在致辞时说："诸位，敝行对于头发的长短问题历来持豁达的态度。"这时留有长发者都大感宽慰，但是接下去只听他说："诸位头发的长度只要在我和经理先生的头发长度之间就可以了。"这位人事部主任是陆军式发型，所以那些留有长发者一齐掉过头去看经理，只见经理面带笑容地站起身，缓缓伸手摘下帽子，露出一个秃头。人事部主任与这位没说话的经理两人似演双簧，配合得恰到好处，无疑是对留长发者的捉弄，令人忍俊不禁。

有的是把不便正面说出的问题从侧面来说——

法国外交大臣塔列朗·佩里戈尔一次聚会恰好坐在斯梯尔夫人和出名的美人雷卡来埃夫人中间，他的注意力明显被后者的美貌吸引了。斯梯尔夫人不甘寂寞，打断他们的谈话说："塔列朗·佩里戈尔先生，如果你、我和雷卡来埃夫人同坐在一条船上，船失事了，而你只能救一个人上岸，那么你救谁呢？"看来斯梯尔夫人已经有点急躁，提出这么尖锐的问题摆在塔列朗·佩里戈尔面前。这问题的确不好回答，无论怎么讲都会得罪了其中的一个。但是塔列朗·佩里戈尔有办法，他朝斯梯尔夫人深深一躬，答道："夫人，您无所不知，所以当然知道怎么游泳。"塔列朗·佩里戈尔这句话实际上是表明自己一定会去救雷卡来埃夫人，而置斯梯尔夫人于不顾，但是表面上对斯梯尔夫人又是那么恭维，使她也发作不得，这其中的差落就构成幽默机智的情趣。

同样，马克思与燕妮的恋爱史也挺有意思，两人都钟情于对方，但谁也没有启齿，最后马克思终于鼓起勇气对燕妮说："我交了一个朋友，准备同她结婚，就不知道她同意不同意。"燕妮听说不禁大吃一惊："你有朋友了？""是的，认识很久了。"马克思接着说，"我这里有一张朋友的相片，你想看看吗？"马克思拿出一只精致的小木匣递给燕妮，就转身走了。燕妮双手颤抖着打开匣子，一下子呆住了，匣子里没有相片，只有一面镜子。但她很快就明白了，因为镜子里照出的正是燕妮自己。我们可以揣想燕妮这时的心情，一方面是被幸福感所包围，另一方面又被马克思所运用的迂回曲折法所逗乐。

还有的是故作不知的冷面幽默——

美国有名的富翁约翰·洛克菲勒在日常生活开支方面很是节约，他单身到旅店投宿，总是要求租最廉价的房间。一家旅馆经理认识他，问道："你为什么选择这么廉价的房间？你儿子来，每次都是拣最贵的房间。""没错，"洛克菲勒说，"我儿子的父亲是百万富翁，我的父亲却不是。""我儿子的父亲"正是指他自己，对于自己用这样的称呼，正是体现了冷面的特点，而且用在这里，还可以与"我的父亲"两相对比，产生幽默机智的效果。

同样的例子，如日本的吉田茂出任驻英大使期间，为了回避一个前来伦敦访问的日本内阁大臣，他吩咐使馆人员说，不管什么时候那人来电话都说他不在。碰了几次钉子以后，大臣心存疑虑，亲自去使馆拜访，一到休息厅，那位内阁恰巧就遇上了吉田茂。吉田茂赶紧告诉他："先生，大使外出了。"那位内阁大臣奇怪地问："阁下不就是大使吗？""是的，"吉田茂回答，"先生，当你从大使本人那里听说大使外出的话，你应该相信才是。"这是直截了当的当面撒谎。当面撒谎在前，直截了当在后，大使自己说"大使"怎样怎样，如同说的是另一个人，所以这种直截了当含有迂回曲折，这句话既是对内阁大臣的提醒，又带有幽默机智的情趣，那位内阁大臣一定是双重感受。

最后是一个多重转折的例子——

有人被邀请参加高尔夫球四人对抗赛。"抱歉，"他说，"我太太不喜欢我打高尔夫球。""何必怕她？"邀请的人取笑他，"你是个男人，还是只老鼠？"这句话有点像斯梯尔夫人的那句问话，来势很凶，两者必居其一：要么留下来打球，要么就得承认自己是老鼠。这位朋友当然不愿意留下来打球，但也不能承认自己是老鼠。他一点也不亚于塔列朗·佩里戈尔，答道："我是男人，但我太太怕老鼠。"这句话有点费解，其实非常巧妙。首先"我是男人"，保住了自己的尊严，"但我太太怕老鼠"，是把别人的一个比喻故意当真了。老鼠这个东西危害很大，怕老鼠并不损害太太的形象，同时暗示：如果我是老鼠，那么太太就会怕我了。相反，正因为我不是老鼠，所以太太不会怕我。这句话包含了多重转折关系。

内庄外谐拒绝刻板

　　《苏联大百科全书》"幽默"词条说："幽默是喜剧的特殊样式，是意识对客体、个别现象和整个世界采取的一种内庄外谐的态度……幽默着力于从平淡中揭示真理，从荒诞中揭示理智，从随意的描述中揭示事物的实质，从可笑的事物中揭示悲哀——即'透过有目共睹的笑'来揭示'世人觉察不到的泪'（果戈理语）。"这里把内庄外谐作为产生幽默的基本的人生态度。我们知道，庄和谐是两种相反的人生态度，庄是严肃认真，谐是随和圆滑，一味严肃认真，似觉做人太累，到处随和圆滑，又嫌没有原则，两者最好的结合是内庄外谐。外谐有内庄做基础，就有随和而无圆滑，内庄有外谐做陪衬，就有原则而无死板。那么庄和谐与幽默是何关系呢？过于严肃认真，幽默就无从产生，过于随和圆滑，至多也只能形成滑稽，内庄外谐乃是把两者按一定的方式掺和，幽默机智的效果正是从这掺和中产生。

　　需要说明一点，即我们在这里并不打算讨论作为基本人生态度的内庄外谐，因为这可以说是贯穿本书的基本精神，本书宗旨即是在做到内庄的前提下，探讨外谐的各种方法。所以要在这里讨论只是作为具体方法的，更确切地说，是属于语言范围的内庄外谐法。

下面我们结合着例子来说。

至今流传甚广的所谓"打油诗"，据说是唐朝一位叫张打油的诗人所创。他的一首诗《雪》是这样写的：

　　天地一笼统，大地黑窟窿，

　　黑狗身上白，白狗身上肿。

这首诗采用古典诗歌"五绝"的形式，五言为一句，四句为一首，偶句押韵，但古典诗歌的语言基础是文言，而这里是大白话，这就形成"谐"，这是形式。内容上这首诗也没有多大意义，纯粹是开开玩笑而已，也是"谐"。这样，整首诗"谐"的成分就嫌过大，所以这首诗总的效果是滑稽多于幽默。

再看鲁迅写于1929年的一首"拟古的新打油诗"《我的失恋》：

　　我的所爱在山腰，

　　想去寻她山太高，

　　低头无法泪沾袍。

　　爱人赠我百蝶巾，

　　回她什么：猫头鹰。

从此翻脸不理我，

不知何故兮使我心惊。

我的所爱在闹市，

想去寻她人拥挤，

仰头无法泪沾耳。

爱人赠我双燕图，

回她什么：冰糖壶卢。

从此翻脸不理我，

不知何故兮使我糊涂。

我的所爱在河滨，

想去寻她河水深，

歪头无法泪沾襟。

爱人赠我金表索，

回她什么：发汗药。

从此翻脸不理我，

不知何故兮使我神经衰弱。

我的所爱在豪家，

想去寻她兮没有汽车，

摇头无法泪如麻。

爱人赠我玫瑰花，

回她什么：赤练蛇。

从此翻脸不理我，

不知何故兮——由她去罢。

这首诗虽然也叫打油诗，却与前者不同，它是庄和谐相结合的产物。外形上全仿东汉张衡的《四愁诗》，表现上故意违反常例：猫头鹰是凶物，"冰糖壶卢"是小孩吃的东西，发汗药是治感冒的，赤练蛇更是瘆人，像这样的投之以吉祥物，而报之以怪俗恶诨之物，这些都是"谐"。可是内容上，这首诗抨击时弊，嘲笑腐朽，揭露不同社会地位的人们之间的对立，具有深刻的思想意义，这是这首诗的"庄"。所以我们说这首诗是庄和谐相结合的产物，可以说运用的是内庄外谐法，从而产生了幽默机智的效果。

上面讲到形式问题，如外形上的不完全模仿，大白话的五绝等，是可以形成"谐"的，但要赋予一定"庄"的内涵，才能符合这里说的内庄外谐法。

据说明朝正德年间，有一人名叫李赖子，好作十七字诗，这十七字诗实际上是五言四句的"三句半"，兴趣所在，甚至身罹大祸，也秉性难改。当地太守号"西坡"，他作十七字诗奚落他：

古人号东坡，今人号西坡，若将两人比——差多！

太守闻悉大怒，将他责杖十八，他又吟：

作诗十七字，被责一十八，若上万言书——打杀！

后判发配郧阳，他的舅父来送他，舅父是个单眼瞎，他的劲又来了：

发配到郧阳，见舅如见娘，两人同落泪——三行。

这"三句半"的形式是对古典诗歌"五绝"的一种改造，前三句像相声里的包袱，末两个字则把它抖开，所以这形式本身就是"谐"，加上一定的内容，形成内庄外谐，即可产生幽默机智的效果。

戏剧《七品芝麻官》中知县唐成要依法审案，偏偏一品诰命夫人不允，双方斗争到尖锐的时刻，唐知县一句："当官不与民做主，不如回家卖红薯！"激起多少赞美的笑声！因为这时面对着一场尖锐的政治斗争，而这位唐知县却没说大道理，偏说"卖红薯"，观众的期望突然落空，表面上显得不伦不类，实际上却有最充分的思想准备，这就是运用内庄外谐法产生的幽默机智的效果。

类似的例子很多，美国安·比尔斯写了一本《魔鬼词典》，就是一反普通词典的常规，把已经经过一定条理化的程序的世界，重新扭曲和颠倒，由于挟带着强烈的主观感情，又由于包含着惨痛的人生经历，这些词条用玩世不恭的语言，揭示了一定的社会问题，因而具有内庄外谐的特点：

道歉：为将来再次冒犯打下伏笔。

背部：这是你朋友身体的一部分，专供你处在不幸之中时注视。

纵欲者：这种人过于狂热地追逐欢乐，不幸的是他跑得太快，把欢乐抛到了身后。

跳舞：按照叽叽嘎嘎的音乐扭来扭去，搂着邻居的妻子或女儿跳更好。舞蹈有很多种，不过那些要求男女两性同时参加的所有舞蹈，都有两个共同的特点：一是它们显然都是纯洁的，二是邪恶的人们都热爱它们。

纵横杂糅味不凡

　　读过《红楼梦》的人一定记得第三十九回至四十回关于刘姥姥二进大观园的描写。这位七十五岁的农村老人来到大观园，当然有打秋风、求救济的意图，她在名分上是王夫人和王熙凤的长辈亲戚，是贾母的"老亲家母"，但是她深知，光靠这些关系是靠不住的。所以她显得乖巧，见贾母欢喜，便没话找话地编些话来说。她听见贾母说她乡屯里的人老实，又觉察王熙凤等人要拿她取笑，就故意似傻非傻地充当了喜剧的主角。其中有一段"行酒令"，是由丫头鸳鸯说骨牌副儿，将三张牌拆开，先说头一张，次说第二张，再说第三张，说完了合成这一副儿的名字，无论诗词歌赋，比上一句，都要押韵，错了就要罚酒。贾府的人个个词句文雅，轮到刘姥姥，她可没有那么多诗词歌赋，只能本地风光。鸳鸯道："左边'四四'是个人。"刘姥姥道："是个庄稼人罢！"众人就笑开了。"中间'三四'绿配红。"刘姥姥道："大火烧了毛毛虫。"众人又笑。"右边'么四'真好看。"刘姥姥道："一头萝卜一头蒜。""凑成便是一枝花。"

刘姥姥道："花儿落了结个大倭瓜。"众人大笑起来，笑如此文雅的酒令，竟配如此粗俗的内容。

　　曹雪芹写这一段时，运用雅俗杂糅的词句，产生了强烈的幽默机智的效果。类似的例子还有广为流传的明朝风流才子唐伯虎为人写祝寿诗的故事。故事讲人家高堂老母祝寿，知他有文才，请他写一首祝寿诗助兴，唐伯虎当着盈门的宾客，有意卖弄才情，援笔写道：

　　　　对门老妪不是人

　　亲朋好友无不惊愕，在祝寿宴席之上，何出"不是人"的骂语？只见他接着写道：

　　　　西天王母转凡身

　　原来如此，众皆露出喜悦之色。但是且慢，第三句他又写道：

　　　　生养五子俱是贼

　　堂上顿时哗然，儿子们更差一点跳将起来，几乎要拔拳相向，唐伯虎却不慌不忙地写下去：

　　　　偷得蟠桃奉母亲

　　众人叹服，无不夸赞唐伯虎才思过人。这四句诗恰好一俗一雅杂糅而成，产生了强烈的幽默机智的效果，为祝寿宴席平添了多少欢乐的气氛！

　　雅俗杂糅是我们这里讲的纵横杂糅法里的一种。所谓纵横杂糅法是指不同性质的词语的杂糅。我们平时使用语言，不同性质的词语可以表现不同的个性身份特点、感情色彩以及文章语体风格等，如果不注意这些，随便把不同性质的词语胡乱使用，就会显得不伦不类，这是一般行文所应注意避免的。但是纵横杂糅法作为产生幽默机智的方法，当然是属于歪法，根据歪法正用的原则，一般行文时所应注意避免的，却正是歪法所要加以引用的，并且正是由于引用以后形成文章的不伦不类，有时却可以产生幽默机智的效果。

这里有两种情况，一种是如相声《假大空》所嘲笑的那位愚昧无知的"假大空"，试看他向白局长"表红心"的一段："白局长，我向您表红心，沉舟侧畔千帆过，病树前头万木春，野火烧不尽，春风吹又生，面对我的缺点错误，我脸不改色心不跳，泰山压顶不弯腰，我一定要高举红旗，认真看书，努力学习，搞好计划生育，除四害，讲卫生，节约粮食，不随地吐痰，搞好家庭团结，一日夫妻百日恩……"这里有古典诗句的不恰当引用，有常用语的生硬拼凑，真是乱七八糟。这是一个人愚昧无知的表现，固然令人喷饭，但它的性质只能是滑稽而不可能是幽默。另一种情况就不同了，如"牧马人"曲啸，在讲到他被打成"右派"时，多次谈对象都是失败，所以之后他总是开门见山地对女方说："我可是右派啊！"他解释："我为什么先说自己是右派呢？因为对方可能一听'右派'就走了，那就算了，如果对方不害怕，那就可以研究研究。""研究研究"一般用在谈工作和谈重大问题上，而谈对象应该用不上"研究研究"，所以这是不同语体的杂糅。那么这里的杂糅为什么又与前一种情况不同呢？这个"研究研究"表面上不妥当，实际上却是因为当时的政治气候，谁都怕找一个"右派"的丈夫，因此曲啸同志的婚姻就成为一个极其复杂有待"研究研究"的问题，这个"研究研究"含有较深的内容让人去体味，所以是幽默而不是滑稽。

还有故意采用戏谑的笔调来写的，如祖慰的散文《普陀山的幽默》里的一段："论资排辈，观音该是第四把手。唯有在普陀山，她却成了第一把手，供奉在最大的圆通宝殿里，神像也最大。而释迦牟尼等的神像却变小了，而且退居到三进殿里，显然降了级了。是谁胆大包天敢于调整佛国的最高领导班子？是人间的皇帝宋宁宗……在这'震旦第一佛国'里，观世音当上了女皇。后来，历朝皇帝都默许这里的特殊'人事安排'，没给释迦牟尼等落实政策，复职复位。"这里，作者把我们当今政治生活中的许多用语搬到佛国，倒也没有多大意义，只是为了获取幽默机智的效果。同样的例子再如刘心武小说《立体交叉桥》形容住房紧张，以后稍微改善，作者是这样写的："全家终于改变了男女合炕的状况，进化为合并同类项的形式。"这是把数学术语用到文学里来。鲁迅的一些杂文题目似乎也可以归为此类：《文学与出汗》《战士与苍蝇》《魏晋风骨及文章与药及酒之关系》等等。

此外，还有语意上的杂糅，如老舍小说《且说屋里》描写包善卿的生活："一个20世纪的中国人所能享受与占有的，包善卿已经都享受过和占有过，现在还享受与占有着，他有钱，有洋楼，有汽车，有儿女，有姨太太，有古玩，有可作摆设用的书籍，有名望，有身份，有一串可以印在名片上与讣闻上的官衔，有各色的朋友，有电灯电话电铃电扇，有寿数，有胖胖的身体和各种补药。"这里故意把"儿女"同"姨太太"并举，把"名片"同"讣闻"并举，把"胖胖的身体"同"各种补药"并举，表现出作者对人物的轻蔑和嘲讽，产生了幽默机智的效果。

最后，还有语种的杂糅，如鲁迅小说《理水》，表面写的是我国古代大禹治水的故事，实际是讽刺当时国民党官僚和御用文人的可笑行径，全篇的语言有很多地方采用了不同性质的词语的杂糅，而在写到奇肱国的飞车与文化山上的学者彼此对话，竟是满嘴英语："古貌林！""好杜有图！""OK！"让东方上古人物口吐流利英语，不同语种的杂糅带来了强烈的幽默机智的效果。

颠倒错位好奇妙

　　颠倒错位法是相异于纵横杂糅法的又一种产生幽默机智效果的方法。纵横杂糅法是不同性质的词语的杂然骈陈，而颠倒错位法则是互相对立的词意的颠倒错位。两件事物，甲的属性出现在乙上，乙的属性又出现在甲上，虽然对称，其实相反，其幽默机智的效果正是从颠倒错位中来。

　　颠倒错位法有宏观与微观两种。宏观的如英国塞缪尔·勃特勒的小说《埃瑞璜》，全书大量采用了颠倒错位法。首先是形式上的颠倒错位，作品里的国名与人名均是对于现有的国名和人名的逆写。更有意思的是内容上的颠倒错位：骗子骗人，受惩罚的不是骗子，而是受骗者；教师不教学生知识，却压制学生学知识；学生学正经是荒唐，学荒唐是正经；法院不惩罚罪犯，却交给医院治病；医院不治疗病人，却交给法院治罪……总之，不该放纵的被放纵，不该受罚的受罚，是非黑白全被颠倒，而且是非常对称地被颠倒了。同样性质的还有马克·吐温的小说《王子与贫儿》，以王子与贫儿互换位置来构成全书的喜剧冲突。我国戏剧则有女扮男装、男扮女装等手法。这些都是颠倒错位法的具体运用，由于它们都是属于情节和结构的问题，所以是宏观的颠倒错位法。宏观的颠倒错位法是喜剧的致笑方法，这里就不做详细介绍。本篇所说的颠倒错位法，主要是指微观的颠倒错位法。

微观的颠倒错位法是指语言上的颠倒错位，如与《埃瑞璜》形成对照的老舍的《猫城记》。这部小说揭露的是猫国的教育瘫痪，一塌糊涂的状况，作者写道："猫国除了学校没教育，其余处处是教育……有学校而没教育，有政客而没政治，有人而没人格，有脸而没羞耻。"塞缪尔·勃特勒用具体情节和一定的结构展示的内容，老舍直接用归纳性的语言说出来了。具体情节和一定的结构，产生的是喜剧效果，而直接用语言说出来，则可以产生幽默机智的效果。

钱钟书小说《围城》，写方鸿渐与鲍小姐去餐馆吃饭："方鸿渐还想到昨晚那中国馆子吃午饭，鲍小姐定要吃西菜，说不愿碰见同船的熟人。便找到一家门口还像样的西菜馆。谁知道从冷盘到咖啡，没一样东西可口！上来的汤是凉的，冰淇淋倒是热的，鱼像海军陆战队，已经登陆了好几天，肉像潜水艇士兵，会长期伏在水里，除醋以外，面包、黄油、红酒，无一不酸……"该热的不热，该冷的不冷，该酸的不酸，不该酸的全酸。一正一反，两两对称，幽默机智的效果油然而生。顺便提一下侯宝林在相声里描绘一辆破自行车，说它"除了铃不响，剩下哪儿都响"，与这里是如出一辙。

钱钟书的例子与老舍的虽然同是语言,但老舍是纯属理性归纳,而钱钟书是具体描写,钱钟书与塞缪尔·勃特勒虽然都是具体描写,但钱钟书是采用语言,而塞缪尔·勃特勒则是依靠情节与结构。

以上介绍了微观的颠倒错位法的具体运用,这里要注意"对称"的特征,即必须要有两个对立的东西,才能构成这里的颠倒错位法,如果只有单方面的事实,便不能算作颠倒错位法。可以想象,侯宝林形容破自行车,如果只讲"全身都响",缺少了"铃不响"的陪衬,肯定不能达到这样强烈的幽默机智的效果。

严格的颠倒错位法介绍到这里,下面我们把尺度再放宽一点,即从词意扩大到一般所谓的内容。

明朝霍韬在正德年间考中会元,后升至礼部尚书。有一次他看中一座庙址,想给自己营建私宅,就指派县官逐出和尚,准备大兴土木。寺庙空出后,他亲临察看,发现破墙上留下一诗,是被逐的和尚题的,中有一联:

学士移家和尚寺,会元妻睡老僧旁。

霍韬大为汗颜,遂打消了前念,这一联就是采用内容上的颠倒错位法,上联把学士与和尚并置,下联更让会元妻睡到了老僧身边!谁读到这一联都会感到幽默机智的情趣,唯独对霍韬来说,只有辛辣的讽刺。

我国著名诗人艾青写于20世纪40年代的《哀巴黎》,用的也是内容上的颠倒错位法,当时正值第二次世界大战,德军正式侵入巴黎,于是野蛮的战争与世界文化名城之间形成了颠倒错位。作者写道：

红白蓝的三色旗

卸下来

代替它而飘扬于

塞纳河畔

龚果德广场上的

是缀着黑色卐字的血色的旗

……

于是 Pantheon

与 lnvalides 的门前

将举行

比第一执政官时代更隆重的"凯旋式"

在那长长的肃穆的行列之间

走过了一个

比拿破仑更冒险的人物

卢梭、伏尔泰、丹顿的铜像

将被无情的铁锤击落

在他们的位置上

将站立起

希特勒、戈贝尔、戈林的

两手插着腰身的姿态

……

平坦而宽阔的

香榭莉榭

你玛格丽特驾着

马车散步的道上

正驰过标帜着

卐字的钢甲坦克

和呼啸着"希特勒万岁"的轻骑兵队

……

　　法兰西的红白蓝三色旗与缀着黑色卐字的血色的旗，世界文化名人的铜像与战争狂人的姿态，驾着马车的茶花女与钢甲坦克和轻骑兵队，构成了一组组幽默的画面，在这幽默画面的背面，缓流着一个都市沦亡的眼泪。所以这幽默是酸涩的。

左右交叉巧颠覆

　　如果说把事实上的颠倒，对称地陈列出来，是颠倒错位法，那么把被颠倒了的事实对称地颠倒过来，就是左右交叉法。

　　把事实上的颠倒，对称地陈列出来，可以产生幽默，已如前说，那么把被颠倒了的事实对称地颠倒过来，能产生幽默吗？一般来说是不能的。如前面所引老舍的《猫城记》，如果学校有教育、国家有政治、人有人格和羞耻，就一切正常，哪来幽默感？钱钟书《围城》里如果汤是热的、冰淇淋是冷的、鱼是鲜的、肉是干的、醋是酸的，那还有什么大惊小怪？所以采用左右交叉要有一个前提，即被颠倒了的事实，一定要表面上看来是正常的。

　　由于被颠倒了的事实表面上看来是正常的，所以把它再颠倒过来，就出人意料，出人意料就造成惊奇，造成惊奇就促进人们慎重思考，经过思考，首先就发现了这次颠倒竟是正确的，接着又进而发现原来早已接受了的事实，都是颠倒了的，最后顿悟到自己居然受到蒙骗，对颠倒了的事实深信不疑。于是，幽默机智的效果就突然萌生。当然这里强调的，仍与颠倒错位法一样，是对称的原则，即要有两件事恰好构成一组颠倒，左右交叉就是把它们再颠倒过来。

一位青年画家去拜访阿道夫·闵采尔，向他诉苦："我真不明白，我作一幅画，只要一天工夫，可是卖出去却要整整一年。"作画一天，卖画一年，表面上看不出有什么不正常，实际却是反映了作画太轻率，卖画太艰难，这是被颠倒了的事实。其中作画轻率是因，卖画艰难是果，作为德国著名画家的阿道夫·闵采尔怎会不明白此中道理？应该劝青年画家认真作画，闵采尔采用左右交叉法答道："请倒过来试试吧，亲爱的，要是您花一年工夫去画它，那么只用一天，准能卖掉。"这里有作画、卖画、一天、一年共四个因子，原来是作画与一天相配，卖画与一年相配，闵采尔把它们进行左右交叉，作画与一年相配，卖画与一天相配，这就把被颠倒了的事实，对称地颠倒了过来。关键是他看出了原来的搭配在正常表面下的不正常，所以这回答既出人意料，又合乎情理，对方也较容易接受，幽默机智的效果很强烈。

下面举一个阿凡提的例子，说的是国王想侮辱阿凡提，阿凡提却采用左右交叉法反而羞辱了国王。那一天国王故意问阿凡提："如果这边放着金子，那边放着真理，你要哪一样呢？""陛下，"阿凡提回答，"我要金子。""多蠢呀，阿凡提！"国王得意地大笑，以为可以借此教训阿凡提一顿，煞有介事地说："金银财宝算得了什么？而要得到真理就不容易了。如果是我的话，一定选择真理。"一般的人可能会被这个道理慑服，阿凡提却毫不张皇："陛下，您的话对极了，谁缺少什么就需要什么，咱们是各取所需呀！"阿凡提这句话耐人寻味，意即国王有的是金银财宝，而缺的是真理，自已有的是真理，却缺少金银财宝。我们知道，有真理而缺金银，并不卑贱；有金银而缺真理，才是可耻。这里，阿凡提早已把国王加在自己身上的羞辱甩脱，反而把羞辱蒙上了国王之身。分析这个例子，我们要注意，阿凡提是把自己有真理而缺金银，国王有金银而缺真理，当作潜在的前提，所以他说的第一句话"我要金子"，就是对于那个潜在的前提的颠倒，这样后面说"谁缺少什么就需要什么，咱们是各取所需"，就十分自然，顺理顺当。

外国有一个丈夫埋怨妻子的故事，丈夫说："上帝为什么要把女人造得那么美，同时又那么蠢呢？"这位丈夫说的是真心话：既离不了妻子，又瞧不起妻子。但他可能不懂得左右交叉法，恰恰授人以柄，所以妻子立即反击："正因为女人美，所以你才会娶我；正因为女人蠢，我才会嫁你！"这话比较简单，但是分析起来却不容易。首先，丈夫的话表面上是正常的，他把女人美与结婚搭配，把女人蠢与鄙视搭配，但是妻子却发现了这表面上的正常掩盖着的不正常，采用左右交叉法，把女人美与鄙视搭配，把女人蠢与结婚搭配，这就出现了不协调：既然女人美，你为什么要鄙视她？既然女人蠢，你为什么与她结婚？妻子把这话反过来说：既然女人美，所以我本不想嫁你而是你要娶我；既然女人蠢，所以你本不想娶我而是我要嫁你。这就把丈夫想羞辱她的话，全部反过来回敬丈夫了。

无独有偶，我国也有同样的例子。丈夫说："世上男人最聪明，女人最愚蠢。"中国妻子同样拿起左右交叉法作为武器，毫不示弱地说："你娶我，是最聪明的举措；我嫁你，是最愚蠢的选择！"

两个例子一西一中，讲法略有不同，方法却是一致，可谓异曲同工，都是对于大男子主义的反击和嘲弄。

讲到这里，我们有必要把概念再扩大一点，上面的分析主要是承接前篇颠倒错位法，讲的是把颠倒了的事实再颠倒过来。但是所谓颠倒不颠倒，往往因衡量的标准不同，可以有不同的看法。由此我们可以进一步设想，放弃颠倒不颠倒的说法，仅仅只要保持一个对称的翻覆就行。下面举一个概念扩大后的例子。

19世纪英国政治家、作家本杰明·迪斯雷利喜欢开玩笑，有人向他请教灾祸与不幸事故有何不同？他就拿他的竞争对手做例子解释道："打个比方吧，格拉德斯通先生掉到河里，那就是灾祸。如果有人把他拉上岸来，那就是一起不幸事故了。"

这句话根本就是戏谑而不是解释，因为灾祸与不幸只有细微的区别，而没有本质的差异。一个人落水是灾祸，获救便是侥幸；如果是坏蛋，那么他落水是快事，获救便是不幸。这里有四个因子，按照正常是这样搭配的：若是好人，落水与灾祸搭配，获救与侥幸搭配；若是坏人，落水与快事搭配，获救与不幸搭配。如果我们按照上面两种正常情况来讲，就没有幽默机智可言，而迪斯雷利偏偏把两种情况混在一起，这里当然偷换了概念（实际是偷换了标准），按好人的标准，把落水与灾祸搭配；按坏人的标准，把获救与不幸搭配。这就是左右交叉法的运用，幽默机智的效果正由此生。这里，格拉德斯通到底是好人还是坏人，已无关紧要，所以也不必强调表面上是否正常，再颠倒后是否正确，只要它表面与实际不一致，构成一对矛盾，可以提供一个对称的翻覆就行了。

接过话头巧反击

左右交叉法使用的范畴较小，因为它局限于有两件事实构成的对称，而在日常生活中，那么刚好的现成的对称，是不多的。有时仅有单方面的事实，它具有表里不一的性质，而更多的情况还不存在表里不一的问题。这就是这里要讲的接过话头法。

接过话头法是一种防御加反击的说话技巧，它使用的场合，一般是针对别人的攻讦，抓住别人提供的单方面的事实，尽管这事实经常没有表里不一的毛病，他的注意力已从这事实身上移开，转向事实以外的存在，从而化防御为反击。这反击往往只有一句话，而这一句话由于紧紧扣住别人的话，并且是对于别人所提供的单方面的事实的发掘，所以分量很重，使对方几乎没有再反击的余地。

下面我们先来分析一些实例：

著名的英国作家萧伯纳身材相当瘦削，一位肥头大耳的神甫一见之下，有意讥讽地说："萧伯纳先生，看见你这般模样，谁都会以为英国人正在挨饿受冻呢。"萧伯纳立即答道："看见你这般模样，谁都会明白英国人挨饿受冻的原因。"

对方的话本身存在表里不一的毛病，即犯了逻辑上"以偏概全"的错误，因为一个人瘦削，不能说明全部英国人都在挨饿受冻。但是萧伯纳不屑在这方面多费口舌，这种辩论虽然可以获胜，但没有必要，因为他知道对方只是揶揄而已，所以对付的办法不能一本正经，而只能是接过话头。他发现对方的话，只有单方面的事实，即瘦削说明了挨饿，那么与这单方面的事实相称的另一方面，便是造成这一事实的原因。很快地，他从对方的身上找到了原因，他采用接过话头法，所获得的幽默机智的效果远远胜于对方的揶揄，强中更有强中手，对方只好折服。

美国政治家亨利·克莱在一条小路散步，恰好迎面走来他的政敌约翰·伦道夫，真是冤家路窄，只见伦道夫大模大样地走在小路中央，并斜视着克莱说："我是从不给无赖让路的。"克莱见此情况，立即轻快地闪到路边，给伦道夫让出了道，并用绅士口吻说："我倒总是乐意给无赖让路的。"

丹麦童话作家安徒生，穷困潦倒时经常戴一顶破帽，一位富人讥笑他："你这头上的帽子，还像是帽子吗？"安徒生答道："你那帽子下的脑袋，也算是脑袋吗？"

后两个例子与第一个属于同一类型，他们都是首先承认对方提供的单方面的事实是事实，然后发掘补充这单方面的事实的另一半。克莱虽然在行动上让步，但实际上丝毫没有让步。安徒生在承认自己戴的是不像样的破帽子的同时，要对方承认自己长的是不像样的脑袋。这分量孰与轻重，是再清楚也不过了。

接过话头法还有其他一些类型。

德国诗人海涅是犹太人，常常遭到无礼的攻击。一次晚会上有一位旅行家对他说："我发现一个小岛，这个小岛竟然没有犹太人和驴子！"这位旅行家知道海涅是犹太人，竟然当面把犹太人与驴子相提并论。海涅闻言，白了他一眼，冷静地说："看来，只有你我一起去那个岛上，才能弥补这个缺陷。"同样是承认对方提供的单方面的事实，他在发掘另一半时，联想到自己是犹太人，驴子呢？就地取材，正好把对方拉进来凑数，对方是把犹太人与驴子相提并论，这里索性直接骂对方为驴子了，但是这一切又是那么自然而然恰到好处。这是属于就地取材的类型。

一位诗人与一位富翁坐在一起，富翁想侮辱诗人，便问他："告诉我，你跟一头驴能差多少？"诗人受到侮辱并没有发作，而是不动声色地目测了一下他们之间的距离，答道："不远，只有二十五厘米！"富翁的原话是骂诗人与驴差不多，诗人的答话则是直接把富翁当作驴了。答话比原话骂得更凶，但也更巧妙。这是属于将错就错的类型。

路上一位老太婆正赶着驴子走路，青年嫌她挡了道，但又不好发作，只得设法侮辱她一下，故意向老太婆打招呼："你好啊，驴的母亲！"老太婆当然听出话中有音，望一望那位青年，接口道："你好，我的孩子。"在国外，老年人对年轻一辈称呼孩子是很普通的事。这里因为青年骂老太婆是"驴的母亲"，联系起来，就变成老太婆骂青年是驴了。这是属于承前回敬的类型。

我国著名漫画家、《三毛流浪记》的作者张乐平有一幅《三毛叫妈》的漫画，画一位贵妇人牵着一条哈巴狗走过大街，见三毛衣衫褴褛，要三毛对着她牵的狗叫一声"爸"，就给他三十块大洋。这真是岂有此理！三毛却十分顺从地对着那条哈巴狗叫了一声："爸！"贵妇人乐不可支，果真给了三毛三十块大洋。三毛接过大洋，对着贵妇人鞠了一躬，朗声说："谢谢您，妈！"这里，张乐平笔下的三毛是运用接过话头法的好手，他表面上非常驯服，骨子里却十分倔强，在任人摆布的情况下，把贵妇人骂为狗类，可谓柔中带刚，贵妇人正自得意，却一下子跌入冰窖。这是属于攀缘联结的类型。

此外可能还有不少类型，这里不能一一穷尽了。这些不同类型都有一个共同的特征，那就是紧紧抓住别人提供的单方面的事实，去发掘另一半。因为这单方面的事实是对方本身提供的，他便不能妄加否定，我们发掘的另一半，实际上早已包含在对方所提供的单方面的事实里面，过去是含混的，现在变清晰了，真是哑巴吃黄连，有苦难言。由于这样巨大的起落，幽默机智的效果就油然而生。所以接过话头法实际是一种防御加反击的说话技巧，这种说话技巧必然产生幽默机智的效果。因此，我们不妨说，接过话头法也是一种幽默机智的方法。

答非所问有价值

一次，老师通知班上的女同学："明天全体女同学一律不准穿裤子！听清楚了没有？"女同学齐声应道："听清楚了！"

老师这一个通知，若非当事人，恐怕有点惶惑不解，要"全体女同学一律不准穿裤子"是什么意思？其实全体女同学早就明白，因为老师已经交代过，明天将举行大型活动，要她们统一穿裙子。我们说上面老师讲的那句话，是一个歧义句。

在日常生活中歧义句是普遍存在、经常出现的，如"这是我的书"，到底是"我"买的书，还是"我"写的书？如此等等。

如果要细加分析，则应该看到，有的歧义是说的人没有把话说清，有的歧义是听的人没有把话听懂。按照正常的情况，说的人是主要方面，但是说的时候，他是在一定的场合下说的，如果听的人对于说的场合不了解，或者故意加以变动，那么就会形成答非所问。

答非所问与偷换概念是不同的，虽然偷换概念也可以形成答非所问，但偷换概念是曲解，而我们这里的答非所问则是歧义。偷换概念是通过改变概念的内涵和外延，达到曲解人家的原意，而我们这里的答非所问则是通过改变原话的语义和语境，来发挥潜伏在原话里的歧义思路。

父亲见儿子背地里学抽烟，大发雷霆地骂道："你竟敢背着我学抽烟，看我揍你！"这句话的中心意思是"学抽烟"，这是容易理解的，但是儿子却答道："我向您保证，从今开始，我抽烟一定不背着您了。"他把中心意思改成背地里还是明地里，这就是我们这里讲的答非所问的问题。

对于这样的答非所问，一般只会引起人家的讨厌，不可能产生幽默机智的效果，只有在雍容的气度下和超脱的感悟中，才可能欣赏其幽默机智的情趣。

大暑天气，酷热异常，有人还盖着夹被睡觉，人家问他："你为什么还盖着夹被睡觉？"他答道："因为棉被太热，所以盖夹被。"这就出人意料。人家问话的意思是：天气这么热，你为什么不盖单被，而还盖着夹被？他的答话的意思是：因为天气热，所以不盖棉被，而盖夹被。一问一答，简直相差一大截。人家如果把他当作正常的言语往来，一定感到话不投机，不可理喻，但是如果把他当作是在开玩笑，则就可领略其幽默机智的情趣。所以这位答者，若不是大愚之人，则定是大智之人，也可以说是大智若愚。

同样的例子，问："你打枪时为什么要闭上一只眼睛？"这句问话的关键是"闭",即问他：你打枪时睁着双眼不行吗？答者如果说：两只眼睛不好瞄，所以要闭上一只，那就是正常的言语往来，而这位答者却说："因为闭上两只眼睛就什么也看不见了。"同样出人意料，不符合正常的言语往来，却具有幽默机智的情趣。

由此我们可以知道：正常的言语往来是一回事，幽默机智的情趣又是一回事，这两回事几乎是迥然相反，所以我们这里把后者列为幽默机智的一种方法，取名为答非所问法。

所谓答非所问法，是指撇开人家问话里的中心意思，抓住潜在的、枝节的、无关紧要的因素进行回答，这回答肯定是属于人家问话里的问题，但绝不是人家问话的本意，其间的落差越大，幽默机智的效果就越强烈。当然此法是纯粹的幽默机智的方法，如果我们把它当作正常的言语往来，则非气死人不可。但是也不尽然，在少数特殊场合，对方的问话属于不能回答的问题，那么答非所问法就可以有实用价值。下面分别举例说明。

地理老师要学生在地图上找出美洲，一位叫尼克的学生走上去用手指出美洲所在的部位。老师转身对大家问道："好，孩子们，告诉我，是谁发现了美洲？"班上同学答道："尼克！"这里老师是提了两个问题，尼克解答了第一个，第二个问题是问历史上是谁第一个发现美洲的。但是同学没有意识到转入第二个问题，思维继续停留在第一个问题里，所以闹了笑话。假如从幽默机智的角度来看，孩子是无意中运用了答非所问法。

以上的例子几乎都是属于没有实用价值的，下面举两个有实用价值的例子。

　　美国总统柯立芝做了几年总统以后竟有厌倦之感，在他任期将满之际，发表声明说："我不打算再干这个行当了。"记者觉得话里有话，就紧追不舍，请他解释。柯立芝没有办法，灵机一动，把记者拉到一边对他说："因为总统没有提升的机会。"一般的人都盼望提升，所以没有提升的机会，可以成为不干的理由，这就是根据，但是已经当了总统，还有什么职务可供提升呢？这是柯立芝有意运用了答非所问法，对付了记者的纠缠。

　　周恩来总理也使用过答非所问法。那是在新中国成立初期，在一次记者招待会上，一位西方记者问："请问，中国人民银行有多少货币资金？"这一问话既是讥笑我国经济贫乏，又涉及国家机密，不好正面作答，又不能不回答，所以周总理就采取答非所问法道："中国人民银行的货币资金吗？有十八元八角八分。"他解释道："中国人民银行发行的面额为十元、五元、二元、一元，五角、二角、一角，五分、二分、一分，共十种主辅人民币，合计为十八元八角八分。中国人民银行是中国人民当家做主的金融机构，有全国人民做后盾，信用卓著、实力雄厚，它发行的货币，是世界上最有信誉的一种货币。"

前后急转出奇制胜

　　相声是我国特有的一种曲艺形式，被称为"笑的艺术"。相声的笑，当然包括了滑稽、笑话、讽刺等等，而比例占得最大的恐怕还是幽默。所以我们在研究幽默技巧的时候，不能不研究相声的表演技巧。

　　相声是用诙谐的语言，通过说、学、逗、唱和抖"包袱"，使人发笑的。其中抖"包袱"是最主要的手段。"包袱"是相声的行话，十分形象地说明了相声组织笑料的特点。抖"包袱"一般要经过几个步骤：首先是设置"包袱"，设置"包袱"要做到若不经意了无痕迹；其次是铺垫，铺垫要做到铺平垫稳，一方面把笑料包藏严密，一方面又要微露端倪，为听众指引猜测的方向，以此唤起期待心理；再次是"三翻"，"三翻"的"三"是多的意思，不一定实指三，"三翻"就是把矛盾的假象多次强调，甚至把同样的情节或词语多次重复；最后才是"四抖"，"四抖"的"四"也不是实指，即在"三翻"以后的"抖"，就是在多次"翻"的基础上，把包袱的扣儿猛然解开，使里面包藏的笑料抖搂出来。由于有了前面的铺垫和"三翻","四抖"就收到了出奇制胜的效果。如相声《送别》：

甲：当着这么多人，真不好意思。

乙：又不好意思，你怎么好意思干来着！

甲：我干什么了？

乙：可以肯定，你们俩分别的时候，有这个（学吻）没有？

甲：你偷看来的？

乙：那还用偷看，年轻人都有这个。

甲：我们可是在机场大厅告别呀。

乙：机场大厅，公共汽车上有时候还那个哪！

甲：那是个别的。

乙：个别的？

甲：这你就不懂了，此时此刻我们是情思如缕，万般无奈，千般诗儿涌心头，万句话儿难开口。

乙：此时无声胜有声。

甲：她深情地望着我，我久久凝视着她。她不作声，我也不说话。

乙：看来要动真格的——

甲：我看看四周没有人，悄悄走上前，凑上去，轻轻对着她——

乙：怎么着？

甲：唱了一支歌。

乙：嘻！等了老半天就唱一支歌呀！

这里"当着这么多人，真不好意思"，使人毫不觉察就设置了一个"包袱"。"我们可是在机场大厅告别呀"，"那是个别的"等都是铺垫。"你偷看来的"，等于有点默认，是一翻。"这你就不懂了，此时此刻我们是情思如缕，万般无奈，千般诗儿涌心头，万句话儿难开口"，越说越像，是二翻。"她深情地望着我，我久久地凝视着她。她不作声，我也不说话"，简直就是吻的前奏，是三翻。作者还嫌三翻不够，再加一推："我看看四周没有人，悄悄走上前，凑上去，轻轻对着她——"箭在弦上，把戏做足。最后的"抖"，却是"唱了一支歌"，等于一个急转，"包袱"终于甩响，观众的笑声立刻无可抑制地爆发出来。

受到相声艺术，特别是抖"包袱"手法的启迪，幽默机智的方法就有了前后急转法。前后急转法与抖"包袱"当然不会全然一样，因为相声毕竟是表演，而在我们的日常生活中却应避免过分做作，最好是水到渠成，冷不防地给人一个幽默机智的效果。这就需要缩短铺垫和"三翻"的过程，而这个过程一缩短，"四抖"的效果相应就会减弱，所以只能用扩大误会来加强急转的幅度。如下面这个例子：

有人问一位夫人："请问，每次您和丈夫的争吵是如何结束的？"夫人答："每次都是我跪在地上的。"问话人大吃一惊："真是难以想象！"夫人说："千真万确，每次我都跪在地上教训他：'你这个千刀万剐的，赶快从床下给我出来！'"

双方争吵，人家关心的是最后哪一方委曲求全。夫人说自己跪在地上，虽然叫人吃惊，仍不失为结束的一种形式，但万万没想到的是问题并没有结束，真正的结局是丈夫躲在床下。这个急转，由于扩大误会，造成幅度加大，虽然缺少相声里那么多的铺垫和"三翻"，但仍获得了强烈的幽默机智的效果。

宋朝大文学家苏轼在杭州做官时，有一位朋友跑来请他指点诗文，自己捧起诗稿朗诵起来，读毕就问苏轼他的诗作到了几分？苏轼回答："十分！"这位友人一听喜不自禁，又问他怎么就好到十分？苏轼微笑道："七分是读得好，三分是诗好，加起来不就是十分！"这里第一次回答"十分"便是运用误会法，使对方把错误的判断推向高峰，然后急转直下，构成笑料。

这个例子说明日常生活中运用前后急转法，条件不如相声，所以要通过自己制造误会或利用别人的思路形成的误会，当机立断来一个急转，获取幽默机智的效果。

还有一种例外的情况。

美国小说家狄更斯在河边钓鱼，一位陌生人走来问他："怎么，你在钓鱼呀？"狄更斯点点头："是的，今天不行，一条也没钓到，可是昨天，我也在这里，钓了十几条哩！"陌生人狡黠地一笑，拍拍狄更斯的肩膀："先生你知道我是谁吗？我是这里管鱼的。这段河面严禁钓鱼！"说着掏出本子，准备记下姓名以罚款。狄更斯一看苗头不对，立即采用前后急转法："那么，你知道我是谁吗？我是作家狄更斯，虚构故事是我的职业。"陌生人傻眼了，狄更斯合理合法地以后面否定了前面。当然这是比较特殊的用法，使用者之前也不知道后面需要急转，所以这个急转是随机应变的。当然，随着急转的成功，幽默机智的效果同样产生。

模糊语言有妙用

德国大哲学家康德在 18 世纪就说过："模糊观念要比清晰观念更富有表现力……我们并不总是能够用语言表达我们所想的东西。"到 1965 年美国数学家查德从科学意义上研究了"模糊"这个概念，使人们对数学中模糊性与精确性的关系取得新的认识，他认为：任何事物都在不断地运动、发展、变化中存在，其过渡的、中介的形态是难以绝对精确判定的，同时各个事物之间的相互联系、渗透、转化的形态，也是无穷多样，往往是亦此亦彼的，所以事物只有在它的中心部是明晰的，它的周缘地带都是模糊的。这一观点被现代语言学家所接受，形成模糊语言学。

模糊性，是自然语言的重要属性，如表示时间的：早晨、上午、夜晚、过去、现在，表示年龄的：老年、中年、青年、幼年，表示性质状态的：深、高、胖、瘦、快、慢，都会有模糊性。此外，还有特殊的模糊限制词，如：有几分、基本上、几乎、简直、相对地、严格地，等等。客观事物从一种状态到另一种状态，往往很难画出一个明确的界限，反映在人类语言中，许多词语所表达的概念就是没有明确外延的概念。在日常生活中，大多数场合只要有一个模糊语言就行了，模糊中求确切，完全可以达到交际的目的。这是一种情况。另一种情况是我们故意使用模糊语，即模糊语言法。

鲁迅讲过一个故事：一户人家生了个男孩，合家高兴透了，满月的时候抱出来给客人看，有的说："这孩子将来要发财的。"说的人得到了一番感谢。有的说："这孩子将来要做官的。"说的人得到了几句恭维。有的说："这孩子将来要死的。"说的人一定会被大家合力痛打。说要死是必然，说富贵是谎言，但说谎的得好报，说必然的遭打。那么既不愿说谎，也不愿遭打，就只能说："啊呀！这孩子呵，您瞧！多么……啊唷！哈哈！"鲁迅这里讲了模糊语有时出于情势所迫，无法说真话，就只能打哈哈。而从我们这里来看，打哈哈也包含了幽默机智的情趣。这就是我们要讲的模糊语言法。

所谓模糊语言法，就是指在能够把话说得更确切的情况下，故意放弃这种可能，采取模糊表述。由于模糊性是自然语言的重要属性，所以到底是能确切而模糊，还是无法确切而模糊，有时就不易分辨，在稍不注意的情况下就蒙混过去了，但在蒙混过去以后，有时又会反省过来，幽默机智的情趣就由此而生。

一位医术不高的医生，在看诊的时候，检查了老半天还没有查出病人得的是什么病，最后只能采用模糊语言法问病人："你过去得过什么病吗？"病人答："得过。""对！"医生肯定地说，"你现在是旧病复发！"这位医生在医术上是不合格的，在幽默机智方面，却颇有几分天才。病人碰到这样的医生，也只有摇头苦笑了。

古代有三位读书人赴京赶考，路过一座高山，听说山上住着一位"半仙"，能推算出一个人的功名利禄、凶吉祸福，于是就一齐登山拜谒。这位"半仙"一边闭目养神，一边听了三人所说的来意，知道是问录取的希望，就故作神秘地伸出一个指头，却不说话。三人看着那一根指头，请求解释。"半仙"摇摇头说："此乃天机，怎可泄露！"三人只得下山而去。等三人走后，徒弟问师父："师父，你对三人伸出一个指头，是什么意思？"师父道："他们一共三人，此次如有一人考中，那我这个指头就是表示考中的；如有两人考中，这个指头就是表示不中的；如果三人都考中，这个指头就是表示一齐考中；如果三人都没考中，这个指头就表示一齐落榜。"徒弟听了恍然大悟，这就是模糊语言法的妙用。

民间有看相、算命、求签、卜卦之类活动，一般称之为迷信。其实这些活动固然与迷信有很大牵连，但还有一些区别。迷信是指对于实际不存在的东西的盲目崇拜和听从，而这些活动多少还有一些其他手法。从事这些活动的人是假借着迷信，或说背倚着迷信的靠山，大量地使用模糊语言，叫人们去猜测。他们从不把话说死，所讲的话几乎全部模棱两可，有的也指示一些似好似坏的意思，但好中又有坏，坏中又有好，使人如同中邪入魔，百思不解。所以说他们总体上是欺骗，害人匪浅。然而我们如果能够超然物外，站在更高的层次，从幽默机智的角度去分析这些活动，则那些"半仙"之流，也是善于运用模糊语言法获取幽默机智效果的人物。

下面试摘几则《诸葛神籤》里的签诗，据说这是三国时，诸葛亮根据《易经》384爻编写的。这里并不教你抽签测字，而是请你从模糊语言法的角度，来体味其中幽默机智的情趣。

第 4 签：

春花娇媚，不禁雨打风飘，

秋菊幽芳，反耐霜凌雪傲。

第 9 签：

贵客相逢更可期，庭前拈木凤来仪，

如将短事求长事，休听旁人说是非。

第 25 签：

见不见，也防人背面，

遇不遇，到底无凭据。

第 174 签：

圆又缺、缺又圆，

低低密密要周旋，时来始见缘。

取类比喻不俗套

修辞是属于语言这个大范畴里的一块小小畛域，畛域虽小，却很重要，这里荟萃了许多幽默机智的方法。

首先是取类比喻法。比喻是利用不同事物之间的某些类似之处，取一事物说明另一事物。在各种辞格之中，比喻是用得最多的一种。比喻的种类繁多，适合于诸多文体和各种言语场合，不管是文艺创作，还是日常言谈，似乎都离不开比喻。那么，为什么比喻会得到如此广泛的运用呢？一方面比喻有很强的实用性，即我们对于某些比较复杂或不便言说的事物，可以采取打比方来解释；另一方面比喻又有很强的艺术性，我们在"缘物联想法"里讲到联想的作用，其实大多数的联想都可以形成比喻，由比喻展示联想，形象生动，色彩斑斓，体现了艺术特性。

比喻与幽默是这样一种关系：一、比喻多含有幽默的成分；二、越是新奇的比喻，幽默的成分也就越大；三、追求幽默的比喻一般来说要求通俗一些。下面依次进行解释。

　　为什么说比喻多含有幽默的成分呢？试想，猫就是猫，虎就是虎，为什么要把猫比成虎呢？这个比喻虽然平庸，却没有人说它不行，但是如果我们仔细想想，猫与虎差别多大：一个是小巧玲珑，一个是庞然大物，一个是和善温柔，一个是凶猛刚烈，说它们相像岂不好笑？再说把女人比作花，仔细想想更觉荒唐，花是植物，一不会说话，二不会走路，而且一掐就死。把女人比作花，到底是对女人的赞美还是侮辱？偏有人乐此不疲，真是好笑煞人！要知道这是比喻的片面性所决定的，我们说两物相比，只是取其类似之处，其余是不管的。苏轼写过一篇短文叫《日喻》，说一位瞎子想了解太阳，人家告诉他，太阳形状如铜盘，他手敲铜盘觉有声响，以后就把钟也误认为太阳了；人家又告诉他，太阳像蜡烛一样发光，他手摸蜡烛，体圆而长，以后又把笛状的乐器也误认为太阳了。所以有人说，所有的比喻都是蹩脚的，就是指比喻的片面性。比喻的这个特性说明了比喻本身就带有幽默的性质。尤其是新奇的比喻，把猫比成虎，现在看来，几乎已不成比喻，因为它们之间太近。把人比作花，也不行。有一句话说，第一个把女人比作花的是天才，第二个是庸才，第三个就是蠢材了。

　　那么怎样做到新奇呢？这就要分析比喻的构成。比喻包括本体和喻体，本体是指被喻的事物，喻体是指借来作比的事物。本体与喻体有一个远近关系的问题，猫与虎都是动物，两者是最近的，女人与花是高等动物与植物，两者距离就稍大。人们在几千年的比喻实践中，首先都是就近取譬，所以本体与喻体的距离越近，就越容易落俗套；越远，就越容易新奇。我们说比喻本身就有幽默的性质，特别是本体与喻体的距离拉大到在表面上甚至看不出有任何类似之处，正使人感到疑惑时，再加以点破。两者之间一旦沟通，幽默机智的效果就会突然显现。

20世纪最伟大的科学家爱因斯坦创立相对论，有许多人出于好奇，都要爱因斯坦解释一下相对论到底是怎么回事，爱因斯坦说："假如你和一位漂亮的姑娘在一起度过一小时，感觉像只过了一分钟；假如你夏天在火炉旁坐了一分钟，就感觉好像过了一小时。这就是相对论。"由于相对论内容过于复杂，三言两语根本无法说清，所以爱因斯坦只得采用打比方的说法，虽然人们听后不可能深刻理解相对论的真正内容，但总算有了一个初步印象。

同样的例子，某客户是一家大公司的老伙伴，但客户的过期账单却在这家公司的办公桌上堆积日久，影响了双方贸易。公司老板不得不亲自出马，约请客户的全权代表晤面。他没有严肃地提出这个问题，而是采用取类比喻法说："我们很感谢双方的贸易，但目前贵方的账目已经过期十个月，十月怀孕的母亲也该分娩了。"这个比喻非常突然，却又十分妥帖，宾主双方的气氛始终融洽，客户一方在这样的气氛中也有了积极的表示。

德国也有重男轻女的思想，在一次教授会上，保守派坚持说："怎么能让女人当讲师呢？如果她做了讲师，以后就要成为教授，甚至进大学评议会，难道能允许一个女人进入大学最高等学术机构吗？"这时有一位教授起来反对，他觉得长篇说理不顶用，因为那些保守派简直不可理喻，他采用取类比喻法："先生们，候选人的性别绝不应该成为反对她当讲师的理由，我请先生们注意，大学评议会，毕竟不是洗澡堂。"

又是一个重男轻女的演说家，在台上竖起大拇指说："男人，是大拇指。"接着翘起小拇指说："女人，是小拇指。"这时全场哗然，女士们强烈地反对。演说家见势不妙连忙转口说："女士们，人的大拇指粗壮有力，而小拇指却纤细苗条，灵巧可爱。不知诸位女士之中，哪一位愿意颠倒过来？"一语不仅平息了全场的喧闹，更赢得了不少笑声。其实这位演说家的随机应变，是利用了比喻的片面性。大拇指表示了不起，小拇指表示无用之辈，这是一般的理解，女士们正是在这一点上感到愤慨。而今他竟巧妙地把大拇指解释为粗壮有力，小拇指解释为纤细苗条、灵巧可爱，这个比喻也说得通，又比较新奇，所以顿然奏效。

以上几个例子都是实用性比喻，只要本体与喻体之间的距离拉大，就会显得新奇，就会产生幽默机智的效果。

艺术性比喻是跟随文艺创作的发展而发展，同样有着悠久的历史。我国最早的诗歌总集《诗经》里有三种基本写作技巧：赋比兴，比喻就是其中一种。屈原辞赋香草美人之比更是尽人皆知。

现代文学更拓宽了比喻的领域，选择喻体的范围更加广泛，如郭沫若把太阳比作"摩托车前的明灯"与"热烈的榴弹"，地球则是"跳舞着的女郎"。鲁迅描写"豆腐西施"两手搭在髀间，张着两脚的姿势，"正像一个画图仪器里细脚伶仃的圆规"。钱钟书的《围城》里写张先生说话喜欢夹杂无谓的英文字："他并无中文难达的新意，需要借英文来讲，所以他说话里嵌的英文字，还比不得嘴里嵌的金牙，因为金牙不仅装点，还可使用，只好比牙缝里嵌的肉屑，表示饭菜吃得好，此外全无用处。"钱钟书的《猫》里写爱默对齐颐谷的笑，"像天桥打拳人卖的狗皮膏药和欧美朦胧派作的诗，这笑里的蕴蓄，丰富得真是说起来叫人不信"。但是，"颐谷还不敢正眼看爱默，爱默的笑，恰如胜利祈祷，慈善捐款等好心好意的施与，对方并未受到好处"。这些比喻里本体与喻体的距离大，且又通俗，幽默机智的效果十分强烈。

以人拟物有意味

　　比拟与比喻不同：比喻是本体与喻体之间有某些类似之处，两者是同时出现的，比拟是直接把物当作人，把人当作物，或把甲物当作乙物来描写，只出现本体，被拟作的事物是不出现的。比拟可分三种，以人拟物只是其中一种，另两种是以物拟人和以物拟物。这里只讲以人拟物，是因为相较其他两种更为重要。

　　比拟可以让静止的变成动态的，让死硬呆板的变成活灵活现的，让无性格的变成有性格的，让抽象的变成具体的。比拟本身就带有幽默机智的效果，比如相声《虎口遐想》讲一个人落到与老虎在一起的境地，无可奈何只得跟老虎商量："哎，老虎，老虎，睡会儿行啦，嘿，你睁开眼睛看看我，我挺瘦的，没肉。"这里还没有让老虎像人一样说话，仅仅把老虎当人来商量，就已经产生了幽默机智的效果。

　　比拟作为一种辞格，常用于儿童文学作品中，尤其是童话。很多童话是整篇运用以人拟物法，使动植物具有人的特性，讲人话，做人事。类似这样的例子，在童话里真是俯拾即是："那春天实在很愉快。从早晨起，黄莺和杜鹃这些音乐的高强的先生们便独唱，蜜蜂的小姐们和胡蜂的姑娘们是合唱，蝴蝶的姐儿们是舞蹈。到晚上，青蛙堂兄的诗人们便开诗社、开演说会，一直热闹到深夜。这些集会里，鲫鱼也到场，用了可爱的口吻，去读'那个国土'的事。"（爱罗先珂《鱼的悲哀》）这样的写法孩子们读来饶有兴味，因为里面就包含幽默机智的成分。

一些人为编造幽默的故事，也经常采用比拟的手法，把幽默机智的效果发挥得淋漓尽致，如我国古代的《俏皮话》有一则猫虎对话：

饥猫和饿虎相遇，猫问虎曰："吾以不得食而饥，汝何委顿至此，岂亦乏食耶？"虎曰："吾向以人为食，近来旷观当世，竟没有一个像人的，叫我从何得食？得将饥饿以死矣。吾乃如是，若汝向来所食者鼠耳，世上无人，岂亦无鼠耶，何亦颓唐至此？"

猫叹曰："世上非无鼠，鼠且甚多，无奈近来一班鼠辈，极会钻营，

一个个都钻营到拥居高位，护卫极严，叫我如何敢去吃它！"

这段文字有很深的社会意义，讽刺了人而无行、鼠辈占据高位的现实。幽默机智的效果绝不仅仅因为猫虎会讲人话、懂人事，而是作者站在一个新的角度来写。通过以人拟物法，从饥猫和饿虎的口里说出它们饥饿的原因，从而揭示社会现实，是这则故事产生幽默机智的效果的主要原因。

钱钟书《围城》描写历史学教授陆子潇的相貌："陆子潇这人刻意修饰，头发又油又光，深恐为帽子埋没，与之不共戴天，深冬也光着顶，鼻子短而阔，仿佛原来有笔直下来的趋势，给人迎鼻打了一拳，阻止前进，这鼻子后退不迭，向两边横溢。"静止的变成动态的，无意的变成有意的，用以人拟物法写鼻子短而阔，"后退不迭，向两边横溢"，幽默机智的效果十分明显。当然这里含有挪揄讥讽的成分。同样运用以人拟物法，而不含有挪揄讥讽成分的，如郭沫若的《瓶》写他与女友一起游览：

她披的是深蓝色的绒线披巾，

有好几次被牵挂着不易进行，

我还幻想过，是那些痴情的荒荆，

扭着她，想和她常常亲近。

这里写荒荆"痴情"，"扭着她，想和她常常亲近"，其实都是作者自己心思的写照，读着读着，幽默机智的效果油然而生。从这个例子使我联想到某华侨旅行团到黄山观光，一位老太太的裙子被蒺藜划破，老太太游兴大减，感到疲劳，独自坐在一边。这时，女导游走过去，对客人说："老太太别生气，这是黄山对您有情，请您不要匆忙离去，多看几眼呀！"几句话说得老太太笑逐颜开，连连向导游表示感谢。女导游用诗一样的语言，适时调动了客人的游兴，把笑声洒向黄山沿途，这不能不说是以人拟物法带来的幽默机智的效果。

巧用借物替代

借物替代是指借用与本体有现实联系的事物来代替本体事物，在辞格里一般叫借代。正像比喻有本体和喻体一样，借代有本体与借体，不一样的是比喻里的本体与喻体可以同时出现，而借代是只出现借体而不出现本体。此外，比喻里本体与喻体的关系是有某些类似之处，而借代里本体与借体的关系是有现实的直接或间接的联系，对本体具有明确的指代性。借体可以是人或事物（本体）的特征、标记、服饰或某一局部以及富有个性的习惯、语言，也可以是工具、材料等其他相关事物。

这就使人想到绰号问题，古今中外都有一些好事者喜欢为人取绰号。一般来说绰号有三种类型：一种是褒义的，一种是中性的，一种是贬义的。我国古典小说《水浒传》里梁山泊一百零八将各有自己的绰号，有的还有好几个，可说是集绰号之大成。这些绰号之中，有的是根据人物在人们心目中的地位和作用来取的，如"及时雨"宋江、"智多星"吴用、"小旋风"柴进；有的是根据人物在某一方面的特长来取的，如"神行太保"戴宗、"混江龙"李俊，"圣手书生"萧让，这些当然是属于褒义的。有的是根据人物性格特征来取的，如"霹雳火"秦明，"黑旋风"李逵，"行者"武松；有的是根据人物外貌特征来取的，如"美髯公"朱仝、"赤发鬼"刘唐、"矮脚虎"王英；有的是根据人物使用的兵器来取的，如"双鞭"呼延灼、"大刀"关胜、"没羽箭"张清；有的是根据人物身上的标记来取的，如"九纹龙"史进等等，这些基本上都是属于中性的。此外，还有一些属于贬义的绰号，如"混世魔王"、"短命二郎"、"笑面虎"、"鬼脸儿"、"丑郡马"、"母大虫"、"母夜叉"等等。梁山好汉受到人们喜爱，这就是那些褒义绰号的来由；但他们又同时受到官府的诋斥和谩骂，所以那些贬义绰号似乎更有嘲讽的意义。总之《水浒传》里的绰号具有多重意义：一方面是塑造人物典型性格的一个手段，另一方面也有助于区分人物个性特征，同时还带来了幽默机智的效果。

然而在日常生活中就不一样了，不要说贬义的绰号，即便是中性的绰号之中，也有很多为人所忌讳，当面叫来容易刺伤别人的自尊心。但是西方人似乎在这方面不甚讲究，他们的姓氏有时几乎就等于我们的绰号，其中大多是属于中性的，也不乏属于贬义的。原来西方人取名差不多全是采用日历上的圣名或上古伟人的名字，所以叫约翰、约瑟、杰克、亨利、海伦、玛丽的极多，几乎无从分别。分别往往要靠姓氏，而姓氏的来源，有的是根据原籍或出生地的名称，如来自山上的就姓山（译意），来自河边的就姓河，村里有桥的就姓桥等；有的是根据职业，如姓面包商、铁匠、裁缝等；有的是根据性格特征，如姓猴子、母羊、坏蛋拖油瓶等；有的是根据外貌特征，如姓胖、驼背、独眼龙等。美国著名诗人朗费罗，这个姓的意译是长脚。法国总统勒白伦，意译是棕发。姓胖的儿子即使很瘦，仍然叫胖；姓年轻的人活到八十岁仍然叫年轻；面包商的子孙做了大官，仍然叫面包商。西方人是把一个人的姓名纯粹看作标记而已，我们则喜欢追求好的口彩，驼背、独眼龙等如果用来称呼人家，被认为是不礼貌，甚至不道德的。

然而，在中西文化交流过程中，有的观念也在发生转变，如张天翼的小说《猪肠子的悲哀》写"我"中学的一个同学，绰号"猪肠子"，在见到"我"时问起旧时的情况："你还记不记得同学叫我'猪肠子'？那时候还有老鼠……你以后看见麻子没有——你看过他的诗么？"这里"猪肠子"、"老鼠"、"麻子"都是旧同学的绰号，在这里并没有侮辱的意味，反倒唤起许多关于昔日的回忆，显示了同学之间的亲密。鲁迅也经常运用绰号，有的还不成绰号，只是用人物的某些标记来借代本体。散文《写于深夜里》："一个阴暗的小屋子里，上面坐着两个老爷，一东一西。东边的一个是马褂，西边的一个是西装。"这里"马褂"和"西装"都是以人物的衣饰来借代本体。这些借代都是近于漫画式的勾勒，所以都含有幽默机智的效果。小说《阿Q正传》："酒店不赊，熬着也罢了，老头子催他走，噜苏一通也算了，只是没有人来叫他做短工，却使阿Q肚子饿，这委实是一件非常'妈妈的'事情。"这里"妈妈的"是借阿Q惯用的"国骂"做借体，指棘手的意思，幽默机智的效果就更强烈了。

然而，更多的情况是临时应景就地取材拿来做借体。如卓别林与夫人奥娜来到著名画家毕加索的家，地上有许多画，有的靠墙立着，有的互相支撑着，这时突然停电，房里漆黑一片，奥娜想走近沙发，一脚踢着一件东西，卓别林随口说："小心点，你刚才在一百万美元上踢了一脚。"这里是把毕加索的画的价值作为借体直接取代，从而获得幽默机智的效果。

有一个老头子的妻子去世多年，儿女们都已长大成人，开始感到孤单，但又羞于向儿女们提出这个问题，只说："晚上独自一个人睡真冷。"儿子没听懂，为他买了一只热水袋。他又抱怨："我有时背痒，没有人帮助搔。"女儿也没听懂，为他买了一把搔痒背耙。老头子只得暗自叫苦。后来，他得知儿子张罗着要给孙子找对象，就说："给他买一只热水袋和一个搔痒背耙吧！"这里是把热水袋和搔痒背耙当作借体，直接取代对象（本体），既透露了自己的隐衷，又不无幽默机智的情趣。

某校班上有两位女同学叽叽喳喳地吵闹不休，男老师说："两个女人顶一千只鸭子。"过了一会儿，恰巧一位女同学瞥见男老师的妻子走来，就转身对男老师说："老师，楼下有五百只鸭子找你。"这里直接接过男老师的话头，"两个女人顶一千只鸭子"，那么一个女人就顶五百只鸭，所以当男老师的妻子来找他时，女同学就运用借物替代法回敬了他。

一家眼镜公司做广告："眼睛是灵魂的窗户，为了保护您的灵魂，请为您的窗户装上玻璃。"这话讲得很有艺术，"眼睛是灵魂的窗户"是名人名言，意思是能从一个人的眼睛里看出他的内心情绪，这是一个比喻句。但是怎么跟配眼镜挂上钩呢？作者巧妙地抓住这个比喻，在下一句直接把喻体（窗户）当作借体，用来替代眼睛，并继续采用上一个比喻，就成了为"窗户装上玻璃"了。

从这里可以看出，那些临时应景就地取材拿来作为借体的借物取代法，其幽默机智的效果要比前面紧扣着本体的特征、标记、服饰或某一局部以及富有个性的习惯、语言等等，来得更加强烈。这就是说，借物取代法与取类比喻法一样，本体与借体的距离也是越大越好。我国古代有一则笑话讲：有人想学时髦话，到亲家家里，见亲家正欲与人下棋，叫道："拿一副象牙棋来！"其实那棋是骨头的，他心里记着：骨就是"象牙"。在下棋过程中又听亲家叫"居（车）马炮"，见那子上明明写着"车子"的"车"，怎么念"居"呢？他心里又记着：车就是"居"。吃饭时，亲家指着肉碗叫他："请吃大菜。"他心里又记着：肉就是"大菜"。吃到一半，亲家叫："再烧碗鸡光汤来！"端上来的是鸡血汤，他心里又记着：血就是"光"。饭后，亲家请他掷骰子，他掷一个是"洞"，亲家却喊为"幺"，他心里又记着：洞就是"幺"。晚上回家，不想跌在水车上，腿部破了个大洞，血流如注。第二天病了，亲家来看他，问起情形，他叹了口气说："昨天晚上回家，跌在水'居'上，碰了一个'幺'，'光'、'大菜'模糊，'象牙'都看见了，'光'流了不少。"亲家莫名其妙，不知他在讲些什么。

这是笑话，笑的是这个想学时髦话的蠢人，他的"时髦话"是从亲家那里学来的，却连亲家也听不懂，如果把他再翻译过来，即是："跌在水车上，碰了一个洞，血肉模糊，骨都看见了，血流了不少。"这则笑话，从一个侧面说明了，借物取代法本体与借体的距离拉得越大，幽默机智的效果就越强烈。

极度夸张效果强烈

"霜皮溜雨四十围，黛色参天二千尺。"这是唐代大诗人杜甫《古柏行》里形容古柏高大的诗句。这两句诗曾引起一场笔墨官司。《梦溪笔谈》的作者沈括说："四十围直径只有七尺，此树高达二千尺，不是显得太细长了吗？"《苕溪渔隐丛话》的作者引黄朝英的话说："古制圆周与直径的关系是三比一，四十围就是一百二十尺，直径即四十尺，此树虽然高达二千尺，也不算细长。"这两个人说得都很有理，但是这样计算似乎太拘泥了。杜甫是在进行艺术创作，具体地说，杜甫在这里是运用夸张手法写古柏的气势，所以"四十围"、"二千尺"都是虚数，并非实指。

夸张是为了表情达意的需要，故意言过其实，对客观的人、事、物做扩大或缩小的描述，它的内核是表情达意，它的外貌是言过其实，只要内核把握得好，外貌是不必斤斤计较的。但是夸张与比喻一样，一般的说法已为人们普遍接受，逐渐化入人们的日常言谈之中，再也没有最初的刺激力了，如我们平时说："烦死人了。"这里就有夸张，是程度上的夸张，因为烦人要到"死"的地步，岂不是带有夸张地形容烦得厉害？再如"忙了一天"、"干了一辈子"、"笑得喘不过气来"、"尾巴翘到天上去了"，以及成语"天翻地覆"、"绕梁三日"等等，都含有夸张的成分。说起来或许使人吃惊，其实我们都在不知不觉地大量运用着夸张的手法，正由于用得多了，所以已不觉得其实是夸张了。正如比喻要求创新，夸张也要求创新。比喻创新的路子是拉大本体与喻体的距离，夸张，尤其是作为幽默机智的方法的夸张，就是推向极度。所以这里称为极度夸张法。

讲到极度夸张法，我们一定会想起浪漫主义诗人李白的一些名句："君不见黄河之水天上来"、"蜀道之难难于上青天"、"白发三千丈"……人们不禁要问：这些诗句运用夸张也算得极度了，但并没有多少幽默机智的效果，这是为什么呢？的确，这个问题值得深思。为了解说清楚，我们先来读两首明曲，一是《醉太平》：

夺泥燕口，削铁针头，

刮金佛面细搜求：无中觅有。

鹌鹑嗉里寻豌豆，

鹭鸶腿上劈精肉，

蚊子腹内刳脂油，

亏老先生下手！

一是《山坡羊》：

我平生好说实话，

我养个鸡儿，赛过人家马价；

我家老鼠，大似人家细狗；

避鼠猫儿，比虎还大。

头戴一个珍珠，大似一个西瓜；

贯头簪儿，长似一根象牙。

我昨日在岳阳楼上饮酒，

昭君娘娘与我弹了一曲琵琶。

我家下还养了麒麟，

十二个麒麟下了二十四匹战马。

实话！手拿凤凰与孔雀厮打。

实话！喜欢我慌了，

蹦一跻，蹦到天上，

摸了摸轰雷，几乎把我吓杀！

前一个是缩小夸张，后一个是扩大夸张。这两个夸张，没有李白那种气势，那种神韵，那种浪漫主义的风采，但其可感性似乎要比李白更强。前一个是运用了一连串比喻，非常形象；后一个则是运用了一些简单的情节。比喻可以归入取类比喻法，情节却值得借鉴。这就是问题的症结了，极度夸张，如果光凭言语，则任你如何天马行空，终究有限。所以要把夸张推向极度，就要把它推出言语的范畴，用情节来表现夸张。

我们发现，不少喜欢编写笑话（或称"幽默"）的作者深懂这个诀窍，他们熟练地掌握了极度夸张法，编写出许多令人捧腹的笑话来。

有一则笑话讲：一位北方人与一位南方人相遇，北方人吹北方天冷，说："北方天气一冷，撒尿都要带木棍，因为一撒就冻，就要随冻随敲，不然的话，人墙冻在一处，再分不开。"南方人也不示弱，吹南方的热，说："南方天气一热，生面贴在墙上立刻就熟，街上有人赶猪，没走多远，活猪变成了熟肉。"

另一则笑话讲：两国的人相遇，各吹自己国家楼高，一个说："在我们国家的楼顶往下跳，飘飘荡荡，几个小时还落不了地。"另一个说："在我们国家的楼顶往下跳，你猜怎么死的？是饿死的！"

爱吹牛的人用情节来表现夸张，比单纯用言语来得更生动。我们设想：假如单纯用言语来表现一个人吹牛，最多说他吹到"天花乱坠"，当然这里含有夸张的成分，但这种说法终究觉得还是属于一般，与上例比较起来，逊色多了。所以极度夸张法必须超出言语，借用情节。下面再看几个用情节来表现夸张的例子。

这是笑人粗心——

一个差役奉命押送一名犯罪的和尚，动身时总怕忘了携带，便自编一个口诀常常叨念："包裹、雨伞、文书、木枷、和尚和我，总计六件。"和尚知其粗心，看准机会用酒将他灌醉，剃了头发，并用木枷将他套上，自己逃走了。第二天差役酒醒，便念口诀，发现包裹、雨伞、文书都还在。木枷呢？摸到自己脖子上，也有。和尚呢？摸到自己光头上，噢，也有，但是，"我"却不见了！

这是笑人迟钝——

旅舍中，三人同床而卧，睡至半夜，其中一人迷迷糊糊感觉腿痒，伸手便在第二个人腿上使劲地抓，抓到腿上流血。第二个人痛得用手去摸，感觉湿漉漉的，以为是第三个人遗尿，便推他起来小便。第三个人起来走到墙角，隔壁恰是一间酒房，榨酒之声滴沥不断，那人以为是自己的尿，竟一直站到天亮！

这是笑人健忘——

健忘者带着老婆去砍柴，忽然肚子咕咕叫，就放下斧子移过身去大便，便后回来看见地上一把斧子，高兴起来，说："这是何人丢失的，今天该我得到一把斧子了。"拿起斧子手舞足蹈，不小心踩着自己的粪尿，就骂道："这是什么人把大便拉在这里！"他老婆提醒他："这斧子是你自己放的，这大便是你自己拉的。"他注视着自己的老婆半晌问道："这位娘子是谁，不知你如何认得我？"

这是笑人好强——

有父子两人，性情好强，从不让人。一天，父亲请客，叫儿子进城买肉，儿子买肉回来走到城门洞时，恰值对面一人过来，两人各不相让，于是相对而立。父亲等儿子不归，寻到这里，见此情景，立即对儿子说："你把肉拿回家去煮了陪客，让我在这儿跟他对立，看谁对得过谁！"

这些故事都令人发笑，尽管我们知道现实生活中绝不可能发生这种情况，但是现实生活中的确有爱吹牛的人、粗心的人、迟钝的人、健忘的人、好强的人。后四个故事里的人，都因傻里傻气成为笑话的主角，而编写这些故事的人，运用极度夸张法，获得了强烈的幽默机智的效果。

语义双关幽默蕴含

先举一个歇后语的例子，毛泽东在《反对党八股》一文里批评那些没有什么内容的长文章是："懒婆娘的裹脚，又长又臭。"这个比喻的喻体是一句歇后语，"又长又臭"表面上是指"懒婆娘的裹脚"本身，背后是指那些没有什么内容的长文章，所以是一语双关。歇后语是我国民间创造和流传颇广的一种定型的口头用语，它由近似谜面和谜底的两部分组成，前一部分是比喻性的语句，后一部分是谜底，是真意所在。两个部分有间歇，后一部分也可以不说出来，让人去猜想或体会。一般来说，歇后语都富有幽默机智的情趣，如：擀面杖吹火——一窍不通，泥菩萨过江——自身难保，丈二和尚——摸不着头脑，骑驴看唱本——走着瞧，黄鼠狼给鸡拜年——没安好心……

再举日常言谈中的例子：

周晔在回忆她幼年初见伯父鲁迅时，发觉伯父的鼻子与父亲的不一样，便问："爸爸的鼻子又高又直，你的鼻子为什么又扁又平？"鲁迅风趣地说："我小时候鼻子也是又高又直，只因为后来碰了几次壁，把鼻子碰扁了。"这里的"碰壁"就是运用了语义双关语，表面是回答鼻子变化的原因，背后是指世事艰辛。当时幼年的周晔没有听懂，还以为他走路不小心，所以鲁迅又接着说："四周围是黑洞洞的，还不容易碰壁么？"这里的"四周围是黑洞洞的"又是运用了语义双关法，表面是解释走路不小心的原因，背后是指那时的社会。鲁迅熟练地运用语义双关法，既满足了小孩子的好奇心，又暗示了世事与社会，引起在座人的哈哈大笑。这是双关语用于闲聊的例子。

一位报幕员潇洒地走上舞台，哪知不小心自己绊了一跤，立即引起全场起哄，她并没有发窘，站好后说了一句："我为观众的热情而倾倒。"观众发出了笑声，旋即全场报以热烈的掌声。这位报幕员不小心在舞台上摔倒，本来很可能成为话柄，但她巧妙地运用语义双关法，用"倾倒"两字为自己解嘲，"倾倒"兼指摔倒和心折，观众为她的急智而鼓掌。这是双关语用于应急场面的例子。

下面我们不妨看一看文艺作品中运用语义双关法的例子。《三国演义》里写曹操率百万大军南下，诸葛亮到东吴帮助周瑜部署以少胜多的赤壁大战。整个部署很周密也很顺利，充分体现了周瑜的才能，但当周瑜想到眼下是隆冬时候，风向不对，将影响到整个作战计划时，竟然病倒了。诸葛亮洞若观火，去探望周瑜，两人有一段对话，亮问瑜为什么会病倒，瑜答："人有旦夕祸福，岂能自保？"亮笑着说："天有不测风云，人又岂能料乎？"是一句入木三分的双关妙语。因为"天有不测风云"与"人有旦夕祸福"本是并用的两句俗语，瑜用其一，亮再用其二，配对协调，似乎平常，但这一句却正中周瑜心病的症结。周瑜也是绝顶聪明的人，所以闻言失色，后面亮的"必须用凉药以解之"、"必须先理其气"、"亮有一方"，直到"此都督病源"，连同瑜想进一步挑问的"欲得气顺，当服何药？""先生已知我病源，将以何药治之？"这都是具有表里不同的意义，而又你我皆知的话中有话的双关语。这一段文字，由于连用双关语，在整个谈话过程中，谁也不率先挑穿点明，虽然诸葛亮索来纸笔，屏退左右后的十六字密书，揭了谜底，但双方对答，始终明来暗往，仔细咀嚼，极富幽默机智的情趣。

经常为人引用作为"语义双关"，却情况有所不同的例子，是《红楼梦》里写黛玉见宝钗劝宝玉不可喝冷酒这一段。宝玉听了宝钗的话，令人把酒烫热了喝，这时恰巧黛玉的丫鬟雪雁送小手炉来，黛玉立即借题发挥："谁叫你送来的？难为他费心。哪里就冷死我了呢？"这里的"他"和"冷"都是双关语，"他"表面指紫鹃，实际指宝钗；"冷"表面指自己手冷，实际指宝玉的冷酒。雪雁没听懂，回说："紫鹃姐姐怕姑娘冷，叫我送来的。"黛玉更进一步发挥："也亏了你倒听他的话！我平时和你说的，全当耳边风，怎么他说了你就依，比圣旨还快呢？"这里的"你"和"他"又是双关语，指代转换，"你"表面指雪雁，实际指宝玉；"他"表面指紫鹃，实际指宝钗。宝玉当然听得懂，但是因为这是双关语，表面的意思的确无可非议，至于实际的意思，只能领会，说不出口，所以他"也无回复之词，只嘻嘻地笑了一阵罢了"。

这一段文字相当传神，它集中表现了黛玉的性格，这性格一方面是聪慧过人，另一方面却是尖刻狷傲，所以黛玉说话虽然机智，对于当事人来说并不具备幽默的特点。但作为旁观者，即我们读者却能从中咀嚼到一点幽默的意味。以此看来,这幽默不是属于林黛玉，而是属于这部书的作者曹雪芹。

谐音双关辛辣幽默

鲁迅的《哀范君三章》：

> 风雨飘摇日，余怀范爱农，
>
> 华颠萎寥落，白眼看鸡虫。

这里"鸡虫"一词是用典，杜甫《缚鸡行》云："鸡虫得失无了时，注目寒江倚山阁。"鸡和虫都不得重视，用来比争权夺利的可鄙人物。了解了这一层意思，这首诗就成为可解。但鲁迅在"鸡虫"上面还运用了谐音双关法，排挤范爱农的自由党主持人叫何几仲，所以"鸡虫"又谐音为"几仲"，于是，我们对于这首诗又从理解进入了欣赏。从这里我们发现，谐音双关法是可以带来幽默机智的效果的。

双关辞格实际包括语义双关和谐音双关。谐音双关是利用同音字或近音字造成双重意义，体现言在此而意在彼。

这种方法在我国古代民间歌谣中运用得很多，最流行的是用芙蓉、莲、藕和蚕、丝、布匹做双关语，芙蓉谐音"夫容"，莲谐"怜"，藕谐"偶"、丝谐"思"，匹是语义双关指"匹偶"。如《青阳渡》：

青荷盖绿水，芙蓉披红鲜，

下有并根藕，上有并头莲。

谐音双关法也受到文人的注意和模仿，较有名的有唐代诗人刘禹锡的《竹枝词》，把"晴"字谐"情"。

杨柳青青江水平，闻郎江上唱歌声。

东边日出西边雨，道是无晴却有晴。

李商隐《无题》中的名句，这个"丝"字便是从民间歌谣所惯用的双关语中学来的。

春蚕到死丝方尽，蜡炬成灰泪始干。

民间还有一些流传很广的吉祥物和禁忌也与谐音双关有关，如春节要吃年糕，即谐音为年高；年画画的大鲤鱼，即谐音为丰余；送礼送橘子，即谐音为吉祥；旧时送读书人的笔、定胜糕和粽子，即谐为"必定高中"（笔谐"必"，糕谐"高"，粽谐"中"）等。朱元璋早期当过和尚，后又落草为寇，做了皇帝以后，忌讳别人提及他的过去，北平府学训导赵柏宁作《长寿表》有"重子孙而作则"句，其中"作则"发音与"作贼"相谐而被诛；常州府学训导蒋镇作《正旦贺表》有"睿性生知"句，其中"生知"发音与"僧智"相谐而被诛。明清两代文字狱，因发音相谐不知屈死多少知识分子！州官田登因避"登"字发音，把"灯"改为"火"，元宵节贴出告示："本州依例放火三日！"造成"只许州官放火，不许百姓点灯"的笑话，也就不足为奇了。

歇后语中也有许多是由谐音双关构成的，如：外甥提灯笼——照旧，"旧"是"舅"的谐音；小葱拌豆腐——一清二白，"清"是"青"

的谐音；猪八戒的脊梁——无能之辈，"无能"是"悟能"的谐音，"辈"是"背"的谐音，等等。

民间歌谣的谐音双关，有的是出于（或模拟）女子羞涩心理；民间吉祥物和禁忌的谐音双关，多是出于人们避凶趋吉的心理；歇后语的谐音双关，是出于人们对风趣的追求。这三端，在历史发展中，前两类略呈萎缩，唯第三类已越来越占据主导地位。

《北梦琐言》记载唐代咸通年间，优人李可及运用谐音双关法的故事。宫里的人问优人李可及："释迦牟尼是何人？"李可及答道："释迦牟尼是妇人也。"众人都大吃一惊，释迦牟尼怎么会是女性呢？李可及却不慌不忙地解说原因："《金刚经》里说：'敷坐而坐'，如果释迦牟尼不是妇人，为什么要等'夫'坐，然后才坐呢？"这里他运用谐音双关法，把"敷"当作"夫"字解释，证明释迦牟尼是妇人。宫里的人又问："老子是何人？"李可及答："老子也是妇人。老子的《道德经》里说：'吾有大患，为吾有身，及吾无身，吾有何患？'如果老子不是妇人，怎么会有'娠'呢？"这里他又运用谐音双关法，把"身"当作"娠"字解释，证明老子是妇人。宫里的人再问："孔子是何人？"李可及仍然答道："孔子，妇人也。孔子的《论语》里说：'沽之哉，沽之哉，我待贾者也。'如果孔子不是妇人，如何能待'嫁'呢？"这里他再一次运用谐音双关法，把"贾"当作"嫁"字解释，证明孔子是妇人。李可及故意说释迦牟尼、老子、孔子都是妇人，并且分别用各自的话进行论证，论证的时候都是运用谐音双关法，抛弃原来的意思，采纳了所谐之音的意思，幽默机智的效果由此而生。我们知道优人的职业是专门以滑稽的言行娱乐帝王或公卿大臣的，这里当然也只是为了开开玩笑，并没有其他的意图。

清代学者纪晓岚与和珅同朝为官，纪晓岚为侍郎，和珅为尚书。一次同饮之际，恰好一条狗从旁跑过，和珅指着狗问："是狼是狗？"此话问得蹊跷，纪晓岚立即听出了弦外之音，答道："垂尾是狼，上竖是狗。"原来和珅并不是真的分不清狼狗，这是一句运用谐音双关法的骂人的话，"是狼"是指"侍郎"，即纪晓岚，连起来便骂他是狗。哪知纪晓岚敏慧过人，一听就觉察了其中的奥妙，但是他不动声色，仍然顺着问话的表面意思，同样运用谐音双关法进行反唇相讥。"上竖"表面上指尾巴翘起，与和珅问话的表面意思联结得天衣无缝，其实却是谐音"尚书"，即和珅，连起来便回敬他是狗。两人犹如打哑谜一般，旁人假如不多一个心眼，竟感觉不到他们之间已经骂得十分激烈。同样的，当事人只要稍不注意就会落了个挨骂还不自知的境地。当然，这只是文人之间的戏谑。

李白去蜀远游，应诏入京，在皇帝面前展露了才能，却遭到当朝宰相杨国忠的嫉妒。有一天他想了个办法，约李白去对三步句，意即由杨国忠出题（上联），李白要在三步之内对出下联。李白践约而至，刚一进门，只听见杨国忠道："两猿截木山中，问猴儿为何对锯？"上联出得很刁，运用谐音双关法，"锯"谐音为"句"，直接骂李白是来对句的"猴儿"。哪知来者不善，李白毫不犹豫地说："请宰相起步，三步之内对不上来，愿受罚。"当杨国忠跨出步去，李白立即指着杨国忠的脚喊道："匹马陷身泥里，看畜生怎样出蹄！"

同样运用谐音双关法，"蹄"谐音为"题"，直接骂杨国忠是出题的"畜生"。杨国忠出题出得古怪而刻薄，李白对句对得巧妙而辛辣，幽默机智从中而生。

运用谐音双关法进行攻击，即使骂得十分凶狠，也富有幽默机智的情趣。如边远地区某个小镇黑板报上刊登一则小品《白字秘书的日记》是这样写的："今天上午，上级通知要来一个解馋团（检查团），说要烟酒（研究）横向联合。我们肠胃（常委）立即讨论，虽然每个人苦恼得滴下眼泪，但还是决定宴（咽）到肚里。"

这里谐音双关法运用得非常巧妙，对检查团之类进行了辛辣的讽刺，我们在感到气愤的同时，更感觉到了辛辣里的幽默。

字形离合暗藏机智

汉字属表意文字，汉字的构字法，古称"六书"：象形、指事、会意、形声、转注、假借。其中象形是基础，形声是最主要的构字法。据统计，现行汉字中百分之八十以上都是形声字，形声字有形部和声部组成，汉字的偏旁部首都是构字的部件。这些是这里讲字形离合法的前提。所谓字形离合法，就是指把汉字的偏旁部首加以离合组成新字，离是指拆，合是指并。

灯谜的制作方法主要有会意、别解、离合等，离合就是这里讲的字形离合法。我国最早的离合体谜语，是东汉蔡邕所作。相传有上虞女子叫曹娥的，因其父溺死江中，就投江去找她父亲的尸体，五天以后，果然抱着她父亲的尸体漂到江边，后立曹娥碑表彰她的孝道。蔡邕路过时天已昏黑，用手抚摸石碑上刻的字，读完了诔辞，题了八个字："黄绢幼妇，外孙齑臼。"好事者也把它刻在碑上。据说魏武帝曹操路过这里，看到了蔡邕的题字，问随行主簿杨修懂不懂这八个字的意思，杨修答："懂。"曹操嘱杨修先不要讲，让他再仔细琢磨琢磨，直走到三十里路的光景，曹操才省悟过来，原来这八字就是一个离合体谜语，谜底是四字成语"绝妙好辞"。"黄绢"乃颜色之丝，色旁加丝，为"绝"字；"幼妇"即少女，为"妙"字；"外孙"即女之子，为"好"字；"齑白"系受辛之器，这是一个"辞"（"辤"同"辞"）字。这八个字的意思是"绝妙好辞"。这是间接离合，即是要把字面的意思加以解释后，再进行偏旁部首的离合。

明朝才子唐伯虎在岳阳楼墙上题"虫二"两字，许多人不知什么意思，后来才弄明白，原来是赞颂这里景致"风月无边"。这是倒离合，即"虫二"两字是把风月两字的边框去掉而成的。

还有一种是把实物一起凑进去进行离合，如曹操的僚属为他修造相国府，曹操看后在门上题了一个"活"字，众人都不解其意。后被杨修猜中，说丞相嫌门太阔，要改小一些，门里一个"活"字不是"阔"字吗？再如刘关张寻访诸葛亮，第一次去，不识路径，恰好迎面走来一位长者，立即上前询问，哪知这位长者一言不发，走到一块大石背后露出头来看着他们，过一会儿径自走了。关张皆莫名其妙，还是刘备猜出了长者的意思是让他们向右边走，刘备说："石字出头，不是'右'字吗？"

最多的还是直接对于字形加以离合，如宋朝丞相王安石与好友王吉甫作谜为戏，王安石道："左七右七，横山倒出。"打一字。王吉甫以谜作答："一上一下，春少三日。"并且加上一句："你谜我谜，恰成一对。"原来王安石的谜底是"妇"，左七右七为"女"，横山倒出为"帚"，合为"妇"字；王吉甫的谜底是"夫"，一上一下为"二"，春少三日为"人"，合为"夫"字，这两个谜底合起来又恰成一对。再如咏王姓云："有言则证，近犬则狂，加颈足为马，施角尾而为羊。"咏尹字云："丑虽有足，甲不成身，见君无口，知伊少人。"近人制作谜语："只因自大一点，惹得人人讨厌"，打一字，为"臭"；斧头，打一字，为父；春，打两个话剧名，为《三人行》《日出》等，也是从离合体变化出来的。

与上述离合体谜语异曲同工的有一些戏谑嘲讽的故事。

苏东坡的朋友佛印请他吃"半鲁"，苏东坡以为是什么新鲜玩意儿，哪知端上来的是一盆鱼，因为"半鲁"恰拆为"鱼"字。第二天，苏东坡也回请佛印吃"半鲁"，佛印以为也是吃鱼，但苏东坡只是在廊沿下与他一起晒太阳谈天，连饭也没吃上。佛印问，苏东坡笑着回答："你上次请我吃的是上半鲁，我今天请你吃下半鲁。"下半鲁即为日字，晒晒太阳而已。

清代著名画家、书法家、诗人郑板桥游历来到一座古寺，老和尚起先甚是怠慢，后来得知是郑板桥立即换上一副面孔，并恳求留下墨迹，郑板桥写了一副对联送他："凤在禾下鸟飞去，马到芦边草不生。"老和尚不懂什么意思，却把它挂在墙上，并且逢人便吹，企图抬高身价。后来有一位游客告诉他："你挨骂了。"老和尚还不相信，问道："何以见得？"这位游客说："上联凤字去鸟为几，上面加禾，合成一个'秃'字；下联芦去草为户，旁边加马，合成一个'驴'字。这副对联，正是骂你'秃驴'呢！"

清代和坤是乾隆宠臣，但为人贪贿。有一次他修了一座花园，四面翠竹环绕，环境十分幽雅，请大文学家纪晓岚题匾，纪晓岚应命题了"竹苞"两字，和坤喜滋滋地把它挂起。直到后来经人指点，才弄懂这是纪晓岚采用字形离合法在骂他们一家："个个草包"。

　　还有一些是采用字形离合法来进行斗争的，如吴趼人在《俏皮话》里记载：广东各州县乡镇当时设置"公局"，名为治理民事纠纷，实则营私舞弊，敲诈勒索。有人采用字形离合法，撰为对联，斥责"公局"："八面威风，转个弯私心一点；大横尸样，勾入去有口难言。"上联为"公"，下联为"局"，写出了它残害人民的罪恶。更有叫梁鼎芬的人，专门胡作非为，在湖北声名狼藉，有人采用字形离合法，撰一额一联，在"梁鼎芬"三个字上做文章。额云："梁上君子"，先提出姓氏，骂为强盗；上联："一目难支，足下分开两片"，这是一个"鼎"字；下联："念头太错，颈上须防八刀"，这是一个"芬"字，其中"念"谐音为"廿"。把梁鼎芬三个字进行离合，骂了个狗血喷头。

　　唐代武则天当皇帝的时候，徐敬业企图造反，中书令裴炎内部策应。准备工作做得差不多时，裴炎写信给徐敬业，这封信只有两个字："青鹅"。满朝文武皆不知其意，后来被武则天识破，原来它要用字形离合法来分析："青"可以分拆为"十二月"，是约定起事的时间；"鹅"可以拆为"我自与"，是告诉他们他自己从内部动手。终因泄露机密，谋事不成裴炎遭杀。这里字形离合法竟用于对外部保密情况下的内部联系，类似于"暗号"和"密码"的作用，运用者遭到了杀身之祸。有人可能会问：像这样采用字形离合法来进行斗争的，还有幽默机智的情趣吗？回答是肯定的。试想如果谋反事成，"青鹅"或许可以传为美谈。字形离合法永远是富有幽默机智的情趣。

文字游戏极富趣味

文字游戏，在各种游戏中，应该说是比较高级的活动，但是在文学创作中却被认为是歪门邪道。这皆因魏文帝曹丕在《典论论文》中说过一句："文章经国之大业也。"以后"文以载道"的思想在中国似乎扎下了根，影响所及，有人一听"文字游戏"，不管它是指文学创作中的，还是一般活动中的，一概嗤之以鼻。但是，实际上文人墨客往往冲破藩篱，在写出惊天地、泣鬼神、富有深刻社会意义的文学作品之外，也写出了不少没有什么思想意义的文字游戏之作。这里有一个有趣的对比，上海古籍出版社约请专家权威编选一套古典诗词曲全集的简编本，《全宋词简编》的编者唐圭璋宣布，那些属于文字游戏的作品一律不收；《全元散曲简编》的编者隋树森却说："元人散曲里面，也有一些玩弄文字游戏的作品，虽然意义不大，但这文字游戏，也是一种技巧，一种艺术。"所以选了不少进去。可见，学者对此也持有不同的态度。

文字游戏仅仅局限于文字，当然是识字的人，而且应该说是经常与文字打交道，或文化修养较高的人所进行的一种活动。正因为他们与文字交往日深，渐渐生出一种感情，又发现文字的诸要素，颇含多种趣味，于是在正事之余，一时遣兴，拿文字来游戏作乐，这一活动当然是极富情趣的。

文字有音、形、义三个要素，文字游戏首先也是从这三个方面生发开去，此外还有排列与组合。

关于音的方面的游戏，上面讲过谐音双关，谐音双关有的是出于情势需要，有的则是属于文字游戏，如相声《成语新编》，大量运用谐音双关和同字双关：

你的家在哪儿——倾国倾城

归哪个市管辖——门庭若市

什么路——原形毕路（露）

属哪个区——宁死不区（屈）

什么街——老鼠过街

屋前什么庙——莫名其庙（妙）

庙前什么河——信口开河

家有什么墙——狗急跳墙

屋有什么门——清水衙门

此外还有绕口令、顺口溜以及旧诗中的双声叠韵等，都是属于音的方面的游戏。

关于形的方面的游戏，上面讲过字形离合，字形离合绝大多数都属于文字游戏，如《儒林外史》中的张俊民道："胡子老官，这事在你作法便了。做成了，少不得'言身寸'。"王胡子道："我那个要你谢……"这"言寸身"是"谢"字的代词。又如薛笃弼信中说："冯玉祥常说：'我去画我的丘八画，去作我的丘八诗。'"这"丘八"是"兵"的代词。宋词里有吴文英的《唐多令》开头："何处合成愁？离人心上秋。"把"愁"字分解为"心上秋"，还是结合词意来写的。黄庭坚的《两同心》："你共人、女边著子，争知我、门里挑心。"这里"女边著子"是"好"字，"门里挑心"是"闷"字，采取离合手法，打情骂俏。除字形离合以外，则有笔画改动，如一富豪为了炫耀权势，家门挂的对联是："父进士、子进士，父子皆进士；婆夫人、媳夫人、婆媳均夫人。"有人把个别文字笔画略加改动成了："父进土、子进土，父子皆进土，婆失夫、媳失夫，婆媳均失夫。"

关于义的方面的游戏在文学创作中受到的攻击最多，主要是嫌它没有思想意义。如元曲中有白朴的《醉冲天》，写的是"佳人脸上黑痣"：

> 疑是杨妃在，怎脱马嵬灾！
>
> 曾与明皇捧砚来，美脸风流杀！
>
> 叵奈挥毫李白，觑着娇态，
>
> 酒松烟点破桃腮。

讲这位佳人，长得太俊，那一粒黑痣是李白执笔点成的。义的方面还有一些是凑怪字入联入诗，最多的是数字，尤其是"一"。如乾隆游江南时见一条渔船荡桨而来，即命纪晓岚作一首诗，条件是必须用十个"一"，纪诗云：

> 一篙一橹一渔舟，一个稍头一钓钩，
>
> 一拍一呼还一笑，一人独占一江秋。

以上简要地对在音、形、义三个方面的游戏做了介绍，下面再讲讲字的排列与组合。

叠字。即字的重叠，如元乔吉的《天净沙》：

莺莺燕燕春春，花花柳柳真真，事事风风韵韵。

娇娇嫩嫩，停停当当人人。

藏字。歇后语的前身有"缩脚云"，即对一句熟语，只讲前面几个字，藏去末字，意又恰在末字，如熟语有"八面威风"，他说今天刮风，只讲：今天刮"八面威"。

嵌字。言把规定的字嵌在其中，如元贯云石《清江引》是咏立春的，每句嵌一"春"字，且每句第一个字恰为"金木水火土"：

金钗影摇春燕斜，木杪生春叶。

水塘春始波，火候春初热。

土牛儿载将春到也。

集专名。在对某一件事的讲述中，故意把许多专有名词拉杂进去，如《幽闺记》中的翁太医，说起话来是一连串的药名。

分付丁香奴、刘季奴，你每好生看着天门、麦门，我去探白头翁、蔓荆子，趁些郁金水银才当归。倘有使君子来看大麦、小麦，可回他说是张将军、李国老家请去了。你苁蓉把破故纸包那没药与他去。前者，因为你每不细辛防风，却被那伙木贼爬过天花粉墙，上了金线重楼，打开青箱，偷去珍珠、琥珀、金银花子、丹砂褙子、茯苓裙子、昆布袜子、青皮靴子。那一个豆蔻又起狼毒之心，走入莲房，搂定我的红娘子，扯下裩裆，直弄得川芎血结。咳，苦脑子，苦脑子！如今可牵海马到常山下吃些莽草，薄荷边饮些无根水，傍晚看天南星出，即挂上马兜铃，将红灯笼，点着白蜡烛，往人中白家来接我。你若懒薏苡来迟了，叫我黑牵牛、茴香，惹得我急性子起，将玄剖索吊你在甘松树上，四十蒺藜棍，打断你的狗脊骨，碎补屁字字出荜拨，饶你半夏分罚子了王不留行。

对对子。往往是出了上联要人对下联，既有考测的意思，又是互相取乐，如清康熙出的上联：

　　四方桥，桥四方，四方桥上看四方，四方四方四四方。

乾隆对的下联：

　　万岁爷，爷万岁，万岁爷前呼万岁，万岁万岁万万岁。

又如相声《巧对影联》，专用电影的名字作对，又兼有集专名的意思：《伤逝》对《情探》，《夜茫茫》对《路漫漫》，《二度梅》对《十五贯》，《三家巷》对《五更寒》，《红楼梦》对《白蛇传》，《宝莲灯》对《桃花扇》，《车轮滚滚》对《山道弯弯》，《梨园传奇》对《哈里之战》，《独立或死亡》对《爱情与遗产》，《陌生的朋友》对《神秘的旅伴》，《咱们的牛百岁》对《快乐的单身汉》，《蓝光闪过之后》对《今夜星光灿烂》，《珊瑚岛上的死光》对《尼罗河上的惨案》，《大李、小李和老李》对《儿子、孙子和种子》。

回文。古代有一种回文诗，正反都可成诵，无多大实际意义，例已见前。补充一下，外国也有文字游戏，这里也举一个例子，如有一首呈给教皇克累蒙三世的诗：

　　　你向贫穷的人们施舍，

　　　从来不对他们关上大门；

　　　你力图布施福音，

　　　从不积累私人财富。

这首诗若是倒过来，按照英文语法重新安排，则成：

你积累私人财富，

从不尽力布施福音；

你的大门一向紧闭，

从不向旁人施舍！

　　此外，古人还经常根据临时约定的要求来进行文字游戏，如明朝进士艾玉，聪明过人，有三位秀才约好要难倒他，提出每人做"四言八句"，题为"不明不白，明明白白，容易容易，难得难得"。

第一个秀才说：

　　　雪在天上，不明不白，

　　　下到地上，明明白白。

　　　雪化为水，容易容易，

　　　水化为雪，难得难得。

第二个秀才说：

　　　墨在砚中，不明不白，

　　　写出字来，明明白白。

　　　墨变为字，容易容易，

　　　字变为墨，难得难得。

不等第三个秀才开口，艾玉念道：

　　　酒在壶中，不明不白，

　　　倒出杯来，明明白白。

　　　我要吃酒，容易容易，

　　　酒要吃我，难得难得。

　　三位秀才又要求每人说一句七言诗，要说出一物变三物才行。

第一个秀才说：

谷子出糠糠出米。

第二个秀才说：

棉花纺线线织布。

第三个秀才说：

木柴烤炭炭成灰。

艾玉指着三位秀才笑说：

我爹生我我生你。

这种游戏法较多为行酒令等，《红楼梦》里有很多描写。这里就不一一列举了。

词语翻覆翻出新样

　　词语翻覆有时是表现说写者的愚钝迟滞和啰唆，把同样的话说了一遍又一遍，必然会惹起听众或读者的厌烦。但是词语翻覆，还有一些情况，却可以产生幽默机智的效果。这里有一条界线，就是要在翻覆中见出变化。

　　儿童有一种叫作绕口令的游戏，其制作原则就是在词语翻覆中略加变化，如下面这则《瓜儿大》云：

　　　　西关队、种冬瓜，

　　　　东关队、种西瓜。

　　　　西关队夸东关队的大西瓜，

　　　　东关队夸西关队的大冬瓜。

　　　　冬瓜大、西瓜大，

　　　　西瓜大、冬瓜大，

　　　　东关的西瓜、西关的冬瓜，

　　　　西瓜冬瓜、冬瓜西瓜，瓜儿个个大！

这里的内容其实非常简单，但是翻来覆去搞得很复杂，由于明知简单，却显得复杂，不断翻覆却见出变化，所以不仅不使人感到厌烦，反而感到幽默机智的情趣。绕口令近似文字游戏。还有一种是顺口溜，如跳橡皮筋的儿歌，其词云：

> 周扒皮，爱吃鸡，
>
> 三更半夜来偷鸡。
>
> 我们正在做游戏，
>
> 一把抓住周扒皮……

顺口溜不一定采用词语翻覆，但一般只要做到押韵或句法雷同，念起来朗朗上口的，也都有类似于词语翻覆的感觉，当然也可以采用词语翻覆法。不仅孩子们喜欢顺口溜，大人也颇感兴趣，如古代一位赃官调离时，百姓送他一块德政匾，上写四个字："五大天地"。赃官不知其意，还洋洋自得。后来据百姓解释这"五大天地"其实是说他：刚到任，金天银地；在内署，花天酒地；坐公堂，昏天黑地；老百姓，怨天恨地；今调走，欢天喜地。可以说，既扼要又全面地概括了赃官的"德政"面貌。20 世纪 80 年代，社会上也流行一些顺口溜，正面的如"五讲四美三热爱"：讲文明、讲礼貌、讲卫生、讲秩序、讲道德，心灵美、语言美、行为美、环境美，热爱祖国、热爱社会主义、热爱中国共产党。反面的如讽刺一些所谓的"新型干部"："喝起酒来十六七瓶不醉，跳起舞来通宵达旦不累，打起牌来几天几夜不睡"等。不少领导干部做起报告来都喜欢高度归纳，把自己的内容加以概括，说："我今天要讲的问题是：抓住一条根本，解决两种思想，组成三支队伍，实现四个目标……"

报告里还经常插入一些所谓群众的语言，这些群众的语言大抵都是顺口溜，其实很多顺口溜倒不一定是群众编的，而是他自己或秘书编的。因顺口溜比较通俗，就充作群众的语言了。这一切，也都有一定的效果，起码是貌似幽默机智。所以词语翻覆也可列为幽默机智的方法之一。

以上词语翻覆基本上是属于有规律的，即相同的词语有规律地出现。还有一些是无规律的，即相同的词语无规律地出现，如："老吾老以及人之老，幼吾幼以及人之幼"（《孟子·梁惠王上》）。"知之为知之，不知为不知，是知也"（《论语·为政》）。这类辞格要求词语变性，所以古汉语中较多，现代汉语中甚少。现代汉语中词语翻覆无规律地出现，如："书是死的，人是活的，活人读死书，可以把书读活，死书读活人，可以把人读死"（郭沫若）。

词语翻覆一般都带有幽默机智的色彩，这是因为词语翻覆看起来累赘拖沓，实际上变化多端，貌似木讷，内实机警，像是大智若愚的圣者，像是赢得满场笑声，自己却似乎茫然不知、无动于衷的成熟的相声演员。

钱钟书的长篇小说《围城》里有一位三闾大学校长高松年，这是一个知识上的落伍者，在女人面前却是一个年老心不老的色情狂。作者是这样介绍的："三闾大学校长高松年是位老科学家。这'老'字的位置非常为难，可以形容科学，也可以形容科学家。不幸的是，科学家跟科学大不相同，科学像酒，愈老愈可贵，而科学家像女人，老了便不值钱。将来国语文法发展完备，总有一天可以明白地分开'老的科学家'和'老科学的家'，或者说'科学老家'

和'老科学家'。现在还早呢，不妨笼统称呼。"这里，几种说法看起来好像差不多，其实意思相差很大，词语翻覆法能产生幽默机智的效果，靠的就是这一点。

伏尔泰的哲理小说《老实人》写邦葛罗斯博士向老实人追述他得梅毒病的经过："噢，亲爱的老实人！咱们庄严的男爵夫人有个俊俏的侍女，叫作巴该德，你不是认识吗？我在她怀中尝到了乐趣，赛过登天一般，乐趣产生的苦难却像坠入地狱一样，使我浑身上下受着毒刑。巴该德也害着这个病，说不定已经死了。巴该德的那件礼物，是一个芳济会神甫送的，他非常博学，把源流考证出来了：他的病得之于一个老伯爵夫人，老伯爵夫人得之于一个骑兵上尉，骑兵上尉得之于一位侯爵夫人，侯爵夫人得之于一个侍从，侍从得之于一个耶稣会神甫，耶稣会神甫当修士的时候，直接得之于哥伦布的一个同伴。"作者在这里借用邦葛罗斯博士的嘴，对这种病做了冗长而琐屑的考据与探源，这像一个罪犯的供状，牵连了一大群人，从而揭露出法国上流社会和整个僧侣阶层的虚伪与无耻，幽默机智的效果油然而生。

摭拾人言有妙用

我们在说话、做文章时，经常需要引用别人的话。引用大约分几种情况：一种是用以代言，即别人的话非常精辟，可以用来表达自己的意思；另一种是拿来分析探讨；还有一种是作为攻击的对象。以上几种性质虽然不同，但有两点是相同的，一是引用不得截用，不得去头砍尾，弄得意见不全；二是不能随意歪曲了别人的原意。摭拾人言也是引用别人的话，但它与上面各种引用不同，它经常截取片言只语，并且加以曲解。幽默机智的效果就是从这曲解中来。

运用摭拾人言法有个典型的例子，是柳永"奉旨填词"。柳永原名柳三变，是北宋有名的词家，所作《鹤冲天》有"忍把浮名，换了浅斟低唱"之句。宋仁宗平时很喜欢他的词，但对这句却有所不满，特地削落他于进士之榜，说："这个人既然喜欢浅斟低唱，要浮名干什么，填词去吧！"

他因此而屡试不第，无可奈何，索性拿了皇帝这句话到处说自己是"奉旨填词"。果然他填了许多词，据叶梦得记载，当时"凡有井水饮处，即能歌柳词"。直到他五十几岁，把柳三变的名字改为柳永，才中了进士，这是题外的话。起初皇帝叫他填词，其实是讽刺的话，针对他"忍把浮名，换了浅斟低唱"，意即：你不爱"浮名"还来赶考干吗！他却故意截取皇帝的话，并歪曲原意，把讥刺当作褒奖，炫耀是皇帝叫他专门填词的，所以自称"奉旨填词"。这正是撷拾人言法的运用，幽默机智的效果即由此出。柳永无法抗拒皇帝，以此法来自我解嘲，也算得是幽默大家了。

另有一例，盛唐诗人孟浩然长年住在襄阳南郭外七里岘山附近的江村中，一次赴京到宰相张说家作客，忽然唐明皇驾到，孟浩然立即躲到床后，结果仍被发现，皇帝命他朗诵一首平生得意之诗，孟浩然诵的是《岁暮归南山》："北阙休上书，南山归敝庐，不才明主弃，多病故人疏。白发催年老，青阳逼岁除，永怀愁不寐，松月夜窗虚。"唐明皇不满的是"不才明主弃"一句，即说："你不是'不才'，我也不是什么'明主'，是你自己不来见我，我什么地方嫌弃了你呢？"第二天张说向皇帝推荐孟浩然时，皇帝竟念念不忘"不才"与"明主"之说，说："还是成全他的志向，让他'归南山'去吧！"这个例子与前面柳永"奉旨填词"恰好形成有趣的对照：前面是柳永拿了皇帝的话，将

错就错，装疯卖傻；这里是皇帝钳住孟浩然的话，使他终身不仕。这皇帝用的也是摭拾人言法，然而这里的效果，却让人哭笑不得。

上面两个例子的曲解人语，主要是曲解人家的用意，还有的摭拾人言，是压根儿曲解了原意。

传说孔子有三千弟子、七十二贤人，有人开玩笑问："这七十二贤人中，二十岁以上的有几人，二十岁以下的有几人？"这根本无从算起，因为现存的典籍中均没有这方面的资料，但是居然有人可以答得上来，说："二十岁以上有三十人，二十岁以下的有四十二人。"他用《论语》上的话作证，《论语》云："冠者五六人，童子六七人。"古时礼节规定男子二十岁加冠，"冠者五六人"，五六岂不等于三十？"童子六七人"，六七岂不等于四十二？再问："那三千弟子，后来都干什么了？"这也是无从查考的情况，他又用《论语》上的话答道："其中二千五百人都去当兵，还有五百人做了客商。"《论语》注云："二千五百人为军，五百人为旅。""为军"就是当兵，"为旅"就是做了客商。以上这些都是运用摭拾人言法，带来幽默机智的效果。其实前一句《论语》的"五六人"和"六七人"是指五至六人和六至七人，并不是相乘关系；"冠者"和"童子"也不是指贤人。后一句的"为"是"成为"的意思，并不是"当"的意思，"军"和"旅"是编制单位，并不是军队和客商。这里都是拾取片言只语，接过话头，另行发挥，压根儿曲解了原意。这些曲解都是明目张胆、明知故犯，意在获取幽默机智的效果。

传统相声《歪批三国》里也有采用此法的，问诸葛亮的母亲姓什么，周瑜的母亲姓什么。这个问题《三国志》里也查不到，但是他们抓住诸葛亮三气周瑜、周瑜临死前大呼："既生瑜，何生亮！"进行曲解，原意是：老天有眼，既然生了我周瑜，何必又生一个诸葛亮，什么都比我强呢！相声里把它曲解为：周瑜的母亲姓"既"，诸葛亮的母亲姓"何"。这都是运用撷拾人言法产生的幽默机智的效果。

外国同样也有运用撷拾人言法的例子，如以色列第一任总理戴维·本·古里安在国会发表演说时，经常不穿礼服，也不系领带，而这每每受到以色列内阁成员的攻击。可是他运用了撷拾人言法为自己辩解，他说："最近我访问了伦敦，在一次集会上，我正准备脱掉外套、解下领带，上讲坛演说，英国首相温斯顿·丘吉尔拦住了我，说：'总理先生，你只有在耶路撒冷才可以随便穿什么服装。'所以我这样做，是丘吉尔允许的。"其实丘吉尔说这话的用意，只在阻止他那时脱掉外套、解下领带而已。总理显然是故意曲解了他的原意，一方面体现了总理的幽默与风度，另一方面也可以用来冲淡对立的气氛。

既成仿拟创新意

辞格有一种仿拟，是指仿照既成的词语和章句，改变其中若干个语素，造成意思相反或相似的新的语言概念，这里把它叫作既成仿拟法。与一般的词语翻覆会令人厌烦一样，一般的既成仿拟也已遭人唾弃，文学史上曾有过多次复古运动，所谓"文必两汉，诗必盛唐"都已成为历史的教训。那么这里为什么又把既成仿拟列为幽默机智的一个方法呢？我们试比较一下，用录音机录下一个人说的话，再放出来，与家里养的一只鹦鹉学的人语相比，恐怕前一种没有什么效果，后一种就会引起人们的兴趣，因为鹦鹉学舌与录音机相比毕竟有了变化。小孩啼哭，如果第二个孩子加进去一起啼哭，那没什么，但如果大人也学一学，那情况就不同了，因为大人怎么学也总是有点不像，小孩看到大人学的啼哭，也许会破涕为笑。从这里我们得到启发，词语翻覆法的关键是在翻覆中见变化，既成仿拟法的关键是在仿拟中创新意。

这里必须补充说明一下，有一些既成仿拟，只是简单地重复别人的话语，也可能产生某些效果，这大抵是语气声调或姿态动作的作用。从话语来说，并没有创出什么新意，但从语气声调或姿态动作来说，包含了一定的新意，效果即从此出。当然这是另外的话题了。

下面按照辞格仿拟的几种不同类型，分别介绍。

首先是仿词。仿词用得较多，大抵是根据原有的专用名词，改动一两个字构成意思相反或相似的含义，如《儿女英雄传》里根据"左传"仿拟出"右传"；鲁迅根据"公理"仿拟出"婆理"，根据"阔人"仿拟出"狭人"；赵树理根据"诗人"、"诗话"仿拟出"板人"、"板话"；毛泽东根据"大众化"仿拟出"小众化"，根据"文化团体"仿拟出"武化团体"。此外还有根据"审美"仿拟出"审丑"，根据"妇女"仿拟出"妇男"，根据"纠正"仿拟出"纠歪"，根据"群众运动"仿拟出"运动群众"。鲁迅在《守常全集》题记中写道："这一篇是T先生要我做的，因为那集子要在和他有关系的G局出版。我谊不容辞，只得写了这一点，不久，便在《涛声》上登出来了。"这里"谊不容辞"便是仿照成语"义不容辞"创造出来的，"谊"与"义"二字是谐音。《守常全集》题记一文，鲁迅写得十分凝重，而上引这一段文字却是题记后面的附识，鲁迅在这里强调了他与李大钊作为"同一战线上的伙伴"的情谊。鲁迅这里是出于情势的需要，同时由仿拟带来幽默机智的效果，也是鲁迅行文的一贯风格。再举一例，据说清朝乾隆皇帝南巡曾走过一座古墓，见墓前高大的石人，他想考考一位随行的翰林，问他这石人是谁，翰林随口答道："这是仲翁。"其实，这石人叫阮翁仲，是秦朝的大将，生前战功显赫，而且身长一丈一尺，十分威武，后世帝王将相墓前都喜欢立此石像，

以示警卫。这位翰林把"翁仲"说成"仲翁"，乾隆一听，立即采用有意模仿法作诗一首："翁仲如何作仲翁，只因窗下少夫功，从今不必为林翰，贬尔江南作判通。"此诗每句最后两字均模仿"仲翁"颠倒过来，这位翰林也就在这谈笑中被贬谪了。

其次是仿句。仿句也用得较多，如唐代大散文家韩愈《获麟解》："角者，吾知其为牛；鬣者，吾知其为马；犬豕豺狼麋鹿，吾知其为犬豕豺狼麋鹿。惟麟也，不可知"就是仿拟《史记》里《老子韩非子列传》所写孔子在见了老子后说："鸟，吾知其能飞；鱼，吾知其能游；兽，吾知其能走。走者可以为罔，游者可以为纶，飞者可以为矰。至于龙吾不能知，其乘风云而上天。吾今日见老子，其犹龙耶"一节。

又如苏曼殊有一首《本事诗》，写他剃度出家后遇一少女，十分钟情，向他索诗。他一方面热情重燃，一方面又不得不强行压制，所以此诗写得既炽烈又冷峻："乌舍凌波肌似雪，亲持红叶索题诗。还卿一钵无情泪，恨不相逢未剃时。"最后一句是仿拟唐代诗人张籍《节妇吟》的"恨不相逢未嫁时"。相比之下苏曼殊的仿句颇有幽默感，而这也被他用来遮掩自己热情的窘态。再如苏轼仿拟刘邦的《大风歌》对于历史学家刘攽"晚苦风疾，鼻梁上断"进行调笑，《大风歌》原词云："大风起兮云飞扬，安得猛士兮守四方！"苏词云："大风起兮眉飞扬，安得壮士兮守鼻梁！"

最后是仿篇。仿篇的例子如前面"内庄外谐法"里举的鲁迅《我的失恋》，是仿拟张衡的《四愁诗》，同样的例子还有鲁迅《吊大学生》，是仿拟唐代诗人崔颢的《黄鹤楼》。谢觉哉也写过一首仿拟诗，原诗是唐代诗人王昌龄的《芙蓉楼送辛渐》："寒雨连江夜入吴，平明送客楚山孤。洛阳亲友如相问，一片冰心在玉壶。"仿诗："白日青天竟倒吴，炮声送客火车孤。洛阳亲友如相问，一片雄心在酒壶。"是讽刺北伐战争时期众军齐讨吴佩孚，吴狼狈北逃，诗中最后两句写出了吴逃至洛阳，惊魂甫定，要想东山再起，可惜他心有余而力不足，一片雄心，只得寄存酒壶之中。

下面这个例子则有点像"引用"。人民的好医生周礼荣在一次讲演中谈到他访问非洲时说："非洲朋友对我们自力更生制造出高质量的显微镜感到惊奇。"接着他突然运用电视广告的语言介绍起这种显微镜来："上海光学仪器厂出品的显微镜，可以和德国的显微镜相媲美，质量可靠，物美价廉，代办托运，实行三包。"顿时引起满场欢笑，气氛活泼轻松。这是因为原来的文体与所仿拟的文体风格相差悬殊，突然之间衔接起来，觉得不伦不类，但是又合情合理，幽默机智的效果即从此出。

小改动有大作用

模仿也就是改动，尤其既成仿拟，更类似于个别改动，如"义不容辞"，既成仿拟为"谊不容辞"，也可以说个别改动为"谊不容辞"。但这里却把它们分开来说，因为它们毕竟不一样。既成仿拟的对象是既成的定型的词句或历史上的名句名篇；个别改动则没有这种约束，它可以随机应变就地取材，另外，个别改动更要求在表面上"同"的背后突出"异"。

1962年秋，郭沫若游览普陀山"梵音洞"时，拾到一本笔记本，只见扉页上写着一副对联："年年失望年年望，处处难寻处处寻"，横批："春在哪里"。再翻笔记本发现这是"绝笔"，所署的时间即是当天。郭老立即叫人分头去找，结果终于找到了笔记本的主人。这是一位年轻的姑娘，名叫李真真，高考三次落榜，爱情也遭挫折，一狠心便要"魂归普陀"。郭老闻悉后，对她进行耐心开导，并针锋相对把她的那副对联做了改动："年年失望年年望，事事难成事事成"，横批："春在心中"。姑娘看后感佩不已。此后郭老还奋笔疾书了"蒲松龄落第自勉联":"有志者，事竟成，破釜沉舟，百二秦关终属楚；苦心人，天不负，卧薪尝胆，三千越甲可吞吴。"姑娘请求签名，郭老就写上了"郭沫若，六二年秋"。姑娘见眼前这位循循善诱的长者竟是郭沫若，惊喜万分，再三表示永记教诲，并大胆作诗答谢："梵音洞前几彷徨，此身已欲付汪洋。绝笔竟藏回春力，感谢恩师救迷航。"这里引这一段佳话的关键在于前面郭老对于联语的改动，我们说这是改动，而不是仿拟，因为这里意在求异，而不是意在求同。当然他们写的都是对联，都有横批，内容也是扣得紧而意思相反，这是同中求异，表面上的"同"是为了使姑娘容易接受，背后的"异"是为了使姑娘受到启迪，这才奏效。

所谓个别改动，当然是说改动的幅度较小，如果是大刀阔斧的改动，就体现不了"同"，也突出不了"异"。上面所举的是词的改动，一般来说个别改动局限于词以下，比词更大的句和篇的改动就不能算是"个别"改动了，而应归入"既成仿拟"。比词的改动更小的是字的改动，其中最有名的是王安石对于"春风又绿江南岸"中"绿"字的不断改动，这是艺术技巧的精益求精，与我们这里的关系也不大，我们要举的例子是：

弄臣石动筩聪明诙谐。一天，皇帝读到《文选》里郭璞的《游仙诗》赞不绝口，石动筩道："这诗也不过如此，假如我来写肯定会胜过它一倍！"皇帝听后十分不悦："你算什么！居然自称胜过郭璞一倍？难道想找死吗？"石动筩回答："如果我写的诗不能胜过它一倍，我甘愿领死！"皇帝即下令让他作诗，石动筩说："郭璞的诗句是：'青溪一千仞，中有一道士'。我作的诗是：'青溪二千仞，中有二道士'。岂不是恰胜过它一倍？"皇帝听后不禁哈哈大笑，连声说："果然胜它一倍，果然胜它一倍。"这里石动筩是在皇帝面前插科打诨，把郭璞的诗，每句改动一个字，数目翻了一番，算作胜过一倍，也算得同中之异了，个别改动法带来了幽默机智的效果。

清朝文学家纪晓岚为人正派性情诙谐，据说有一位庸医因医术低劣而生意清淡，他想了个主意去拜访纪晓岚，请他写一块匾额装点门面，以广招徕。纪晓岚想了一想就慨然允诺，他把唐代诗人孟浩然的诗句"不才明主弃，多病故人疏"略作改动写作匾额："不才明主弃，多故病人疏"，只是把"病"和"故"两字对调了一下，其意不仅与孟浩然的原意大相径庭，而且索性把庸医的困境揭示出来高悬门上。纪晓岚题匾实际已不是改字，而是调换词序。

字不变，仅仅调换词序，也属于个别改动法的改动范围，如相声《巧立名目》：

甲：有这么一句话，你知道吗？

乙：哪一句呀？

甲：叫作："无理走遍天下，有理寸步难行。"

乙：哎哎！你这句话说错了。

甲：哪儿错了？

乙：说颠倒了。

甲：颠倒了？

乙：你再想一想。

甲：啊，对对对，应该是"有理寸步难行"。

乙："无理走遍天下"。

甲：这就对了！

乙：不对！

甲：这又不对？

乙：你再掂量掂量这话，掂量掂量。

甲：这话该怎么说呀？

乙：应该说："有理走遍天下，无理寸步难行。"

甲：啊，对对对对！话虽然是这么说，我不敢苟同呀！

这里第一次仅仅把"有"和"无"两字调换了一下，造成两种截然不同的观点，第二次又把前后两句调换了一下，观点仍然没变，调来换去，总是说岔。注意，这里并不是故意打闹，而是逐渐引入正题，像这样个别改动可以形成幽默机智的效果。

最小的要算标点符号的改动，标点符号对于词语的意思有着重要的作用。在一次外交谈判中，周恩来总理坚持原则、有礼有节，而对方提出了不适当的要求，遭到拒绝后，极不礼貌地说："真是对牛弹琴！"周总理马上接口说："对！牛弹琴！"这里，周总理只在"对牛弹琴"中间加上一个标点，整个意思全翻过来了，本来是骂听者的话，变成了骂说者的话，由于改动不大，而变化却特大，所以幽默机智的效果十分明显。

故作精细功效高

"前后急转法"里所举苏轼评诗说是"十分"，原来其中"七分读得好，三分是诗好"，加起来是十分。前后急转，产生幽默。但是把十分细分为七分和三分，同时也有一点故作精细的味道，故作精细亦可以产生幽默机智的效果。

故作精细法最主要是用数字来加以表现，因为数字最能说明精细。例如鲁迅在《阿Q正传》中写到阿Q欺侮小尼姑，用手摸她新剃的头皮，小尼姑哭着跑了，于是：

"哈哈哈！"阿Q十分得意的笑。

"哈哈哈！"酒店里的人也九分得意的笑。

"十分得意"是常用语，"九分得意"却是鲁迅的创造。阿Q是捉弄人的主角，看到小尼姑带哭地跑去，当然"十分得意"，而酒店里的人却是旁观者，他们得意的程度想是要比阿Q略差一些，因此是"九分"。再者，"十分"与"九分"的差别也反映了鲁迅用笔的轻重。鲁迅在这里揭露阿Q的是愚蠢，揭露酒店里的人却是无聊。鲁迅采用故作精细法，当然具有幽默机智的效果，但同时我们也应看到其中蕴藏的深意。鲁迅在《铸剑》里写楚王："那夜他很生气，说是连第九个妃子的头发也没有昨天那样黑得好看了，幸而她撒娇坐在他的御膝上特别扭了七十多回，这才使龙眉之间的皱纹渐渐地舒展。"这里"扭了七十多回"便是采用故作精细法，没有一个作家能精确计算她究竟扭了多少回，也没有一位读者相信这七十多回是个实数，这是带有讽刺味道的描写，意在获得幽默机智的效果。

张天翼在小说《稀松的恋爱故事》里干脆开列了一张生活的统计表，这在小说艺术中并不多见，根据一般知识，小说应避免记流水账，更何况这类表格！这里却冲破惯例，居然使之成为有力的表现手段：

……两个月之后，他们宣告同居。现在我从他们做了朋友起，到同居时候止，做个生活的统计，给你们做个参考。

计开：猪股癫糖一百三十四盒。甜酒两打又三瓶。逛公园每周二次。看电影每周四次。picnic 六十六次。抒情诗六十九首。上馆子二百余次。(详见他俩的日记)余从略。共计用银一千五百余元，费时一万二千三百八十四小时。

这一张生活统计表，竟比任何描写都更有力地反映了他们多么空虚无聊，赶时髦、充阔佬，虚掷光阴。罗列统计表却不使人感到厌烦，甚至感到幽默机智的效果，这不能不归功于一系列精确数字的显现，不能不归功于故作精细法。

大概有感于故作精细法的奇特效果，王蒙在小说《说客盈门》

里变本加厉地使用此法,小说叙述厂长丁一上台后对工厂进行整顿,合同工龚鼎成为被整顿的对象,这一下子惊动了关系网,作者写道:

在六月二十一日至七月二日这十二天中,为龚鼎的事找丁一说情的:一百九十九点五人次(前女演员没有点名,但有此意,以点五计算之)。来电话说项人次:三十三。来信说项人次:二十七。确实是爱护丁一、怕他捅漏子而来的:五十三,占百分之二十七。

受龚鼎委托而来的:占百分之十。直接受李书记委托而来的:一,占百分之零点五。受李书记委托的人的委托而来的,或间接受委托而来的:六十三,占百分之三十二。受丁一的老婆委托来劝"死老汉"的:八,占百分之四。未受任何人的委托,也与丁一素无来往甚至不大相识,但听说了此事,自动为李书记效劳而来的:四十六,占百分之二十三。其他百分之四属于情况不明者。

又如，夫妻吵架，妻子把丈夫关在门外，丈夫想尽办法软硬兼施也没能让妻子开门。于是就俨然以最后通牒的口气喊道："现在我数三下，你若再不开门，我就不客气了。"妻子在房内应道："随你数几下，就是不开！"丈夫道："我现在开始数了，一……二……怎么样？""不开就是不开！""还不开啊？二点五！"里面没有动静，"二点八……二点九！"里面仍然没有动静，丈夫又喊："二点九一！"妻子终于忍不住笑了，大概已经知道这数三下只不过是恫吓，这三下恐怕是永远数不尽的，于是化敌意为欢笑，这就是故作精细法的力量。

除数字以外，也有使用故作精细法的例子，如尚钺的小说《预谋》中，对于波瑞总经理面部表情的描绘：

总经理站起身，走到床头将更衣室的门打开看了看，似乎怕什么微生菌似的，翘起他的大鼻子，如狗一般，往室中挥着嗅了嗅，除开沉寂了很久的一种不知哪位女人从纽约或巴黎买来的什么香水和肥皂还没有散尽的余氲以外，什么气味也没有。于是他即大胆地走了进去，站在白瓷面盆前，弯腰在镜子上照了照自己的脸。先挤起只左眼，用右眼看；继而又把右眼闭上，把左眼大大地睁开看。但他看见的，还只是这样一副面孔：两个细细的长眼睛下面突起美国人特有的一个鹤嘴锄似贪得无厌的鹰钩鼻子，和一张连上帝也要受骗的善于流露文明词句的嘴……

这等于是用放大镜来照细节，把这位总经理（实质大骗子）可憎可鄙的丑态暴露无遗，也是颇有幽默感的。

反话正说多讽刺

　　一个人气过了头，有时自然会说反话，如骂人的时候，不骂他坏，而骂："你好！"这"好"其实就是"坏"。年轻情侣在打闹的时候，往往又骂："你坏。"这里的"坏"其实比"好"还好，真是千种风情百般温柔。这些都是反话正说，类似的例子很多，如唐朝无名氏的诗："门外猧儿吠，知是萧郎至。划袜下香阶，冤家今夜醉。"其中的"冤家"就是昵称。孙犁《荷花淀》里几个女人骂自己的丈夫是"狠心贼"，此外，还有口语中骂"杀千刀的"，似乎骂得愈凶，爱得愈深。母亲骂儿子，有骂"小坏蛋"、"小祖宗"的，也都是表现了爱的深切。这些都富有幽默机智的情趣，尤其后面用骂来表示爱的，有人把它叫作愉悦性反语，因为用得常了，又叫习惯反语。下面主要介绍与之相对的特意反语，特意反语是针对各种具体情况而产生的。

　　明朝末年的少年英雄夏完淳，在一次抗清斗争中不幸被捕，审讯他的是洪承畴。洪承畴原是大明兵部尚书太子太保，后来降清，

当了招抚南方总督军务大学士。夏完淳已经认出了他，但装作不知，故意说出表示仰慕洪承畴的话。洪承畴一听，心中高兴，就问："你仰慕洪承畴？"夏完淳见他上钩，便装出无限感慨的样子说："是啊，洪老先生是本朝的人杰。他在关外和清兵血战，兵尽矢穷，至死不屈。当他阵亡的噩耗传来时，全朝为之震动，先帝也为之垂涕，这样的忠臣难道不值得仰慕吗？"听了这几句似是而非的话，洪承畴顿时呆若木鸡，面红耳赤，不知所措。旁边的随从忙阻止夏完淳道："你不要胡言乱语，堂上坐的就是洪大人！"夏完淳一听，立刻声色俱厉地指着洪承畴驳斥道："胡说！洪老先生早已为国捐躯，天下谁人不知。你这贼子、叛徒，竟敢冒充洪先生，像你们这些朝廷的叛徒、民族的败类，人人得而诛之！你们竟敢来败坏洪大人的声名，洪先生在天之灵也会寒心的！"

一个阶下囚对一个身居要职的官员当面斥责，骂得他狗血喷头，这里有一个前提就是夏完淳装作不知，所谓不知者不罪，但夸赞理想中的洪承畴，也就是诋斥现实中的洪承畴同样是洪承畴，听的夸赞愈多，受的诋斥就愈严酷，一般的人听到夸赞会喜悦,而洪承畴听到夸赞会羞惭而恼怒。这就构成了幽默机智的效果。

当然,通过装作不知来反话正说,是一种比较特殊的反话正说法。更多的情况是直接运用反话正说法。如发明大王爱迪生,儿时困苦,在火车上做报童,但他仍孜孜不倦学习和钻研,甚至在火车上做实验,引起火灾,被车长打聋了耳朵。后来他取得了成功,他说:"应该感谢那位先生,他使我清静下来,不必捂着耳朵去搞实验。"

有的反话正说法是嘲讽讥刺式的,如林语堂写过一篇《悼张宗昌》的文章,对于这位号称"狗肉将军"的军阀,大量地运用了反话正说法,作者写道:

> 大抵我们听见,说起张宗昌死了,大家总是淡然微笑,从此便可证明,世人对他感情都是友爱的,回忆都是称心的。他凡事刚勇,总是凭良心之驱使,直爽做法……如果他要你的老婆,他便诚实告诉你:他要你的老婆,而且他一生不肯辜负人家,他要了你的老婆,便把你提升为公安局长……而且他尊重女性自由,男女平等,姬妾有私,也不追究,这一点已经难能可贵了,凡有姬妾的学者、部长、和尚、神父都不能望其项背……他很关心文化及他人的道德,如禁止女子逛公园便是一例……

明明是大家对他的死感到欣喜,却偏偏说"友爱"、"称心";明明谴责他荒淫混乱,却偏偏说他"凭良心"、"直爽"而且"难能可贵";明明骂他封建颟顸,却偏偏说他"关心文化及他人的道德"等等。这明明是一篇笔伐的檄文,却写成了充满"惋惜"的"悼文"。这是用反话正说法对反动军阀和军阀政治的控告嘲弄,使文章产生了幽默机智的效果。

有的反话正说是揶揄调侃式的，如契诃夫的《生活是美好的——对企图自杀者进一言》，说一个人只有乐观，才会感到生活欢乐无穷：

要是火柴在你衣袋里燃起来了，那你应当高兴，而且感谢上苍：多亏你的衣袋不是火药库。

要是你的手指头扎了一根刺，那你应当高兴："挺好，多亏这根刺不是扎在眼睛里！"

如果你的妻子或者小姨练钢琴，那你不要发脾气，而要感激这份福气：你是在听音乐，而不是听狼嚎或者猫的音乐会。

你该高兴，因为你不是拉长途马车的马，不是寇克的小点（细菌），不是旋毛虫，不是猪，不是驴，不是茨冈人牵的熊，不是臭虫……你要高兴，因为眼下你没有坐在被告席上，也没有看见债主在你面前，更没有主笔土尔巴谈稿费问题。

如果你不是住边远的地方，那你一想到命运总算没有把你送到边远的地方去，你岂不觉着幸福？

要是你有一颗牙痛起来，那你就该高兴：幸亏不是满口的牙痛起来。

你该高兴，因为你居然可以不必谈《公民报》，不必坐在垃圾车上，不必一下子跟三个人结婚……

要是你给送到警察局去了，那就该乐得跳起来，因为多亏没有把你送到地狱的大火里去。

要是你挨了一顿桦木棍子的打，那就该蹦蹦跳跳，叫道："我多么运气，人家总算没有拿带刺的棒子打我！"

要是你的妻子对你变了心，那就该高兴，多亏她背叛的是你，不是国家。

这篇文章对于那些不思进取、自甘堕落的窝囊废与颓废派，竭尽揶揄调侃之能事。

有的反话正说是自我解嘲式的，如两位歌唱家的对话：

一位说："我初次登台就大获成功，听众献给我的鲜花，足够我开个花店。"另一位说："那算什么！我第一次登台，就用我的歌喉震慑了所有的听众，结果他们给了我一座房子！""听众怎么给房子呀！""他们朝台上扔了很多砖头，足够盖一幢房子。"观众喝倒彩，甚至受到惩罚，还自我解嘲，从砖头联想到房子，也算是一绝。

有的反话正说是自相矛盾式的，如形容戒烟困难，他不说难，而说："戒烟一点也不难，我已经戒了十几次了。"戒了很多次，的确可以说明不难做，但戒了十几次，却只能说明一次也没有戒成，这就是难极了。

总之，反话正说法，由于说的是一码事，实际又是一码事，"反"与"正"之间有一个落差，幽默机智的效果即由此而来。

自我吹嘘巧包装

　　作为做人应有的品德，我们提倡谦虚谨慎，而且提倡要懂得自我解嘲，但作为具体的幽默机智方法，却不妨自我吹嘘。这里我们走出了修辞的畛域，讨论的是一种态度、一种姿势。这个问题与一个人的处世方法也不同，处世方法是基本的人生态度，而这里指一时一地的权宜的态度，是获得幽默机智效果的一种方法。

　　作为幽默机智方法的自我吹嘘，当然不是那种自以为是、好高骛远的目中无人，但也不是供人取笑的小丑行径。前者的自我吹嘘压根儿就不知天高地厚，仅懂得一点皮毛，就以为老子天下第一，可怜的是知识太少、胸襟太窄；后者的自我吹嘘大抵是看别人的脸色行事，为博得别人一笑，不惜打肿脸充胖子。作为幽默机智方法的自我吹嘘，本质有深刻的内涵，与这两者绝不相干。让我们先来读一读关汉卿套曲《不伏老》里的一段：

　　　　我是个蒸不烂、煮不熟、捶不匾，炒不爆、响珰珰一粒铜豌豆。恁子弟每谁教你钻入他锄不断、斫不下、解不开、顿不脱，慢腾腾千层锦套头？我玩的是梁园月，饮的是东京酒，赏的是洛阳花，攀的是章台柳。我也会围棋、会蹴踘、会打围、会插科、会歌舞、会吹弹、会咽作、会吟诗、会双陆。你便是落了我牙、歪了我嘴、瘸了我腿、折了我手，天赐与我这几般儿歹症候，尚兀自不肯休！则除是阎王亲自唤，神鬼自来勾。三魂归地府，七魄丧冥幽。天哪！那其间才不向烟花路儿上走！

这是一位书法、绘画、唱歌、跳舞、打猎、踢球、围棋、赌博，无所不会无所不精的风流才子的形象。他在自我炫耀（即自我吹嘘）的时候，用的是充满自信的口吻。但是读着读着，我们却发现字里行间似乎流露出一种不谐调情绪，这种多才多艺却玩世不恭，不易驯服却无可奈何的情状，隐隐透射了作者洋洋自得的另一个方面。我们知道，元代统治等级观念极强，文人的地位十分低下，有识之士的报国之路就此中断，只能混迹于勾栏瓦市的歌舞场中。所以这里的词句貌似欢乐自信，实则悲怆激愤，在表面上自我吹嘘的背后，潜伏着深沉的自我解嘲。这就是作为幽默机智方法的自我吹嘘法。这里的自我吹嘘法有时会与自我解嘲法混淆，甚至我们会误把它归入自我解嘲法。但它们毕竟是不同的，区分的标准是：自我吹嘘法里所含的自我解嘲一般是潜伏的，而自我解嘲法一般不含自我吹嘘的成分。正由于表面上自我吹嘘，背地里自我解嘲，这就形成反差，令人深思，幽默机智的效果即从此出。

钱钟书在长篇小说《围城》的重印前记中说，自己继《围城》后还写过一本叫《百合心》的长篇小说，后因迁居把草稿弄丢了，就一直未能追忆补写出来，接着他说："剩下来的只是一个顽固的

信念：假如《百合心》写得成，它会比《围城》好一点。"这一句是地道的自我吹嘘，因为还没有写出来的小说，让人去哪里对证？但是别忙，底下还有："我们对采摘不到的葡萄，不但想象它酸，也很可能想象它是分外的甜。"这一句却是地道的自我解嘲，作者居然倏忽拉开了距离，从第三者的立场，对自己进行揶揄。采摘不到的葡萄想象它酸，是自我欺骗、自我安慰，采摘不到的葡萄想象它甜，也很符合人的口馋的心理，这是作者的自嘲。这一段文字连接起来，很好地说明了作为幽默机智方法的自我吹嘘的本质特征。

下面我们再来看一看旧社会一些服务行业的对联，我们知道，服务行业在旧社会往往是受人轻视的，但是在对联中，他们又偏偏自我吹嘘，如这三副关于理发行业的对联：

磨砺以须，问天下头颅几许；及锋而试，看老夫手段如何。

理世上万缕青丝，创人间头等事业。

虽谓毫末技艺，却是顶上功夫。

这里仅仅把理发工作的重要性无限夸大，就构成言过其实的反差，产生幽默机智的效果。

《西游记》里孙悟空向妖怪自报家门，说自己是"五百年前大闹天宫的孙行者"，并不幽默，因为他手段的确高强，而猪八戒向妖怪自我吹嘘是"天蓬大元帅"、"惯会降妖伏魔"，尽管"天蓬大元帅"是事实，仍含有幽默机智的情趣。因为他的本领比不上孙悟空，甚至比不上许多妖怪，但是出于战斗的情势需要，作战双方首先都要自我吹嘘一番，这主要是为了长长自己的志气，灭灭敌人的威风，占一点心理上的优势。

再联想到广告，广告是推销产品的介绍性文字，由于要把产品推销出去，世界上没有一则广告不说自己好话，即：没有一则广告不做自我吹嘘。但是一般的自我吹嘘由于泛滥成灾，已逐渐丧失号召力，聪明的广告作者开始学用作为幽默机智方法的自我吹嘘法。美国《读者文摘》的广告是这样写的：

> 每月五万个笑话，多得使你想哭！
>
> 每个月，我们的读者寄给我们五万个笑话。但是，唉！我们只能刊出一则到七十五则笑话，一定是其中最精彩的笑话，有关人性弱点的温暖笑话，这难道不是《读者文摘》成为世界最畅销杂志的最小原因？

这则广告充满似是而非的情趣。你看，热心的读者来稿很多，每月五万，令人兴奋，又"多得使你想哭"。你看，从五万之中选用一至七十五则，当然是好中选优，又"唉"地不无遗憾。你看，用稿如此精彩，又是"成为世界最畅销杂志的最小原因"。广告作者在自我吹嘘的同时，处处不忘自我解嘲：其一，来稿太多，编者太苦，又有什么办法呢？其二，虽然好中选优，难保没有遗珠之憾。其三，成为世界最畅销的杂志，只不过是读者爱读有关人性弱点的温暖笑话罢了。这是自我吹嘘与自我解嘲的双色涂抹，相辅相成，完全符合了作为幽默机智方法的自我吹嘘法，其宣传效力远胜于一般广告，也就不足为奇了。

假装糊涂不糊涂

相声艺术有一个人为主在讲的时候，必须有另一个人在旁边垫和托，才能帮助主讲的人把包袱甩得更响，这个垫和托的人，经常需要假装糊涂。假装糊涂并非真的糊涂，假装的目的只是引导人往岔路上钻。这里的假装糊涂法，便是由此发展起来的。

首先是被动的，就是被动地担任假装糊涂的主角，经常是对于别人的发问采取假装糊涂法去应付，表现得"大智若愚"。如捷克小说《好兵帅克》里的帅克，他是个普通士兵，他的特点是貌似愚钝，实则机警，善于运用假装糊涂法，将残暴专横的奥匈帝国及其统治者置于尴尬难堪的境地。如写到一个喜欢动物、喜好女色的奥地利军中尉，帅克给他做马弁时，为他偷了一条狗来，不料这条狗是上校的，于是中尉立即大祸临头，被派往前线当炮灰。再看帅克被抓进警察局之后，他那呆头呆脑的样子弄得诸位老爷哭笑不得，他们摸不准帅克的神经是否正常，便组织了法医委员会对帅克进行智力鉴定。哪知帅克一跨进房间就对着奥地利元首的画像大喊："诸位大人！弗兰西斯·约瑟夫一世皇上万岁！"法医们面面相觑，过了一会儿开始问话："镭比铅重吗？""对不起，我没称过。"帅克笑眯眯地回答。"你相信世界末日吧？""我得先看到这天再说，"帅克漫不经心地说，"反正明天还不会到世界末日。""你能算出地球的直径吗？""请原谅，这我办不到。"帅克说，"可我也想请大人们猜一个谜：有一座三层楼房，每层楼上有八个窗口，房顶上有两面天窗和两个烟筒，每层楼上有两位房客，诸位，请你们告诉我，这所房子的看门人的奶奶是哪一年死掉的？"……听到这些胡言乱语的回答，法医鉴定帅克为白痴，为精神愚钝者，但是帅克回到狱中对狱友们说："他们丢开斐迪南（奥匈帝国的继承人，1914年在萨拉热窝被暗杀，帅克正是因此而荒唐地被捕）不管，同我扯起更大的蠢事来，扯到后来我们互相都说够了，这才分手。"帅克是在运用假装糊涂法，真正的精神愚钝者恰恰是那些老爷，读者因这巨大的反差感到幽默机智的情趣。

其次是主动的，那就是自己主动来担任假装糊涂的主角，这有许多种表现法：

天真烂漫表现法。如美国作家马克·吐温在乘车中，遇到列车员检查车票，他翻遍了每个衣袋都没找到车票，恰巧这位列车员认出他是大名鼎鼎的马克·吐温，就安慰他："没有什么关系，如果实在找不到，也不碍事。""咳，怎么不碍事？"马克·吐温说，"我必须找到这张该死的车票，不然，我怎么知道要去哪里呢？"

故作大言表现法。如里根是美国历史上年龄最大的总统，这在崇尚年富力强的美国，不消说是一个令人头疼的问题，他的对手蒙代尔总想抓住他的年龄做文章。1984年10月24日晚上，里根为了连任总统，与蒙代尔进行了一场至关重要的辩论。他装作根本不知自己年龄太大的问题，据法新社记者当天的电讯报道："他在回答他是否认为自己担任总统年龄太大的问题时，把在市政礼堂的观众都逗笑了，并得到了好评。里根是这样说的：'我将不把年龄作为一个竞选问题，我将不利用我的对手年幼无知这一点以占尽便宜。'"

避实就虚表现法。如美国扑登·约翰逊政府由于对越战争收不了场，遇到前所未有的信任危机，作为约翰逊的副总统休伯特·汉弗莱一次在演讲中，他的声音全部被一片含有敌意的"呸"声淹没，满场只听见那极不文明、不可理喻的"呸"声，汉弗莱的处境十分尴尬，如果狼狈地走下台去，那将引起更大的哄笑和臭骂。这时他灵机一动，放弃了原来的内容，用一种非同寻常的庄重语气对台下说起"呸"来，他说"呸"在印第安人达科塔族的语言里是一个很友好很善良的字眼，意思是"我为了你们"。他煞有介事地做了一番解释，随后又很有风度地对大家的一片"呸"声表示了谢意。这时场内开始安静下来，并发出了笑声，汉弗莱成功化解了尴尬。

转换话题表现法。如美国前总统威尔逊初任新泽西州州长时，接到来自华盛顿的一个电话，电话告诉他，他的一位议员朋友死了，威尔逊深感悲痛。不一会儿又来了一个电话，是找威尔逊，要求让他顶替那个议员的位置。原来那人也得悉那位议员的死讯，威尔逊对这个要求很反感，但是他故意转换话题，慢吞吞地说："好吧，如果殡仪馆同意，我本人没有意见。"

先发制人表现法。如《南亭笔记》记载：一次权重势盛的彭玉麟便服走过一条偏僻小巷，恰逢一位女子晒衣服失手，一根竹竿坠落下来击中他的头。彭玉麟不禁大怒，厉声斥骂，那女子一看是彭玉麟，内心害怕，却急中生智，忙说："你这副腔调像是行伍出身，所以蛮横无理。你可知道我们这里有彭宫保彭老爷！他为官清正廉明，假如我去告诉他老人家，恐怕要砍了你的脑袋呢！"彭玉麟一听，马上转怒为喜，心平气和地走了。顺便说一下，这则故事与夏完淳骂洪承畴有相似之处，他们都是以假装不知对方为前提，但这一则是属于假装糊涂法，那一则是属于反话正说法，主要区别在于这里的彭玉麟还未形成恶行，而洪承畴早已罪行昭彰了。

有意仿效噎住对方

有意仿效是前面讲的既成仿拟的进一步发展。既成仿拟对于所仿拟的对象，即既成的词语和章句是扣得较紧的，所举诸例中唯有乾隆走得远些，他根据那位翰林把"翁仲"说成"仲翁"，如法炮制出一系列颠倒的词语："夫功"、"林翰"、"判通"。有意仿效法即以此为起点，脱离了既成的词语和章句的藩篱，向广阔的现实生活取材，有意仿效。

一般来说，仿效有两种：一种是创造性仿效，即借助于仿效进行创造；另一种是跟在后面亦步亦趋的仿效，即依样画葫芦。我们提倡的是前一种。

有意仿效与既成仿拟的不同，主要在于所仿的对象，既成仿拟所仿拟的对象是既成的词语和章句，所以基本上都是正确的；有意仿效所仿效的对象则是现实生活中就地取材，并且绝大多数是谬误的。但是它与归谬论证又不一样，它没有论证过程，它是针锋相对、一针见血的，并且有意仿效不局限于语言，还可以诉诸行动。

下面我们来看看有意仿效法的具体应用。

德国物理学家伦琴发明了"X射线"，后曾接到过一封信，写信人说他的胸中残留着一颗子弹，听说X射线可以治疗，请求他寄一些来。X射线怎能邮寄？伦琴在提笔写回信的时候，没有做太多属于专业化知识的解释，而是采用了有意仿效法。他写道："真遗憾，我手头这射线刚好用完了。这样吧，请你把你的胸腔给我寄来吧！"既然你能叫我寄射线，那么我也能请你寄胸腔，这就是有意仿效。伦琴明知道胸腔是不能寄的，他的言下之意是射线也是不能寄的。

法国思想家伏尔泰的小仆人儒塞夫有点懒惰。一天伏尔泰要出门，发现鞋上布满昨天的泥迹，就问儒塞夫为什么不擦一擦？"用不着，先生，"儒塞夫平静地答道，"路上尽是泥泞污浊，即使擦得干干净净，过不了多久，不是又和现在一样脏吗？"伏尔泰听后微微一笑，就走了，儒塞夫立即追上来："先生慢去！钥匙呢？""钥匙？""是呀，食厨上的钥匙，我还要吃午饭呢！""朋友啊，吃午饭干吗？即使吃得饱饱的，过不了多久，不是又要饿吗？"儒塞夫懒惰还有懒惰的理由，这理由当然是不对的，但伏尔泰并没有板起面孔加以训斥，只是采用有意仿效法，用他的理由来使他受到教训。

我国明朝文人徐渭一次到亲戚何非家作客，开饭时何非只端出一个鸡蛋，却装作大方的样子说："老弟，你来得不凑巧，如果再迟三个月，这蛋就是一只肥美的鸡了。我原想请你吃鸡，可惜你运气不好，只得吃鸡蛋了。"后来有一次何非到徐渭家作客，吃饭时，徐渭端出一碗汤，里面放了些竹片，徐渭十分客气地对何非说："老兄，你来得不凑巧，如果再早三个月，这竹片就是一碗鲜嫩的笋了。

我原想请你吃笋，可惜你运气不好，只得吃竹片了。"徐渭与伏尔泰采用的是同样的方法。

这几个例子说明，有意仿效法是要首先看出对方的谬误，然后用同样的语言、同样的行动，即用同样的谬误来回敬对方，这样就等于把矛盾双方交换了一个位置，使对方亲临其境加以感受。所以有意仿效法与归谬论证法的不同在于它没有论证过程，它只是仿效，是"以其人之道，还治其人之身"。最后达到使对方自我体会、自我发现、自我觉悟的目的。

有一封年轻厨师写给一位女青年的求爱信，信是这样写的："亲爱的，无论在煮汤或炒菜的时候，我都想念你！你简直像味精那样缺不得。看见蘑菇，我想起你的圆眼睛；看见猪肺，我想起你红润柔软的脸颊；看见鹅掌，我想起你纤长的手指；看见绿豆芽，我想起你细软的腰肢。你犹如我的围裙，我不能没有你，请答应嫁给我吧，我会像侍候熊掌般的侍候你。"女青年运用有意仿效法写了一封回信："我也想过你那像鹅掌的眉毛，像绿豆芽的眼睛，像蘑菇的鼻子，像味精的嘴巴，还想起过你那像雌鲤鱼的身材。我像鲜露笋那么嫩，未够火候，出嫁还早哩！顺便告诉你，我不打算要个像熊掌的丈夫。其实，我和你就像蒸鱼放姜那样。相信你明白我的意思。"那位年轻厨师也许学过文学，以为比喻要新颖和有个性，所以就大加发挥，以致弄得不伦不类。那位女青年本来对他是否有情，是另一回事，光读了这封情书，大概就有点受不了了。这封回信是运用有意仿效法写成的，青出于蓝而胜于蓝。

更妙的还有阿凡提的例子：

巴依老爷故意刁难阿凡提，要他染出一匹不是红的，不是黄的，不是蓝的，不是绿的……什么颜色也不是的布来。阿凡提如果不答应就是违抗了老爷的旨意，如果答应下来，又该怎么染呢？阿凡提有办法，他毫不犹豫地接过了布，随即告诉老爷，在不是星期一，不是星期二，不是星期三……不是星期日的那一天来取。

最后还要补充一点，有时对方不一定是明显的谬误，我们只要抓住其欠缺的地方，也可以采用有意仿效法。如英国首相丘吉尔一次在保守党议员威廉·乔因森希克思演说时，边听边摇头，很不同意他的观点。乔因森希克思见此情景，气愤地说："我想提请尊敬的议员注意，我只是在发表自己的意见。"丘吉尔马上对答道："我也想提请演讲者注意，我只是在摇我自己的头。"乔因森希克思的话表面看来似乎没错，丘吉尔顺着他的思路，你既然要求人家尊重你发表意见的权利，你也应该尊重人家摇自己的头的权利，乔因森希克思反而自讨没趣。

嘲讽讥刺辛辣非常

所谓嘲讽讥刺，亦即讽刺。讽刺与幽默同是"喜剧"这个母概念底下的两个子概念，所以它们是并列的，各有自己的畛域，但它们又有部分的交叉。这里主要就那交叉的部分，把嘲讽讥刺列为幽默机智的一个方法。

讽刺一词也经历过一番演变，最早是拉丁文，原意是饮食用语，意为"盛满的"，后指"一种多质混合物"，以后又成为那些具有粗俗性、多质性和富于酸辣味的诗人的代名词。这就有近代意味了，讽刺的现代概念是一种具有娱乐性和战斗性的批判攻击技巧。

说是技巧，其实主要还是体现在效果上的，只是有的较为间接，有的较为直接罢了。较为间接的，如我国古代，尤其是先秦诸子文章中经常喜欢运用一些寓言故事来说明问题，其中许多是能够产生讽刺效果的，如"揠苗助长"、"守株待兔"、"郑人买履"、"五十步笑百步"等等，这些成语分别有一则独立的小故事，这些故事本身意义不大，它的意义在于有的发人联想，有的暗含影射，最后落脚到一些较为普通的社会现象，所以叫寓言故事，或者就叫寓言，只要运用恰当，讽刺的效果即可显出。由于是借用其他故事，旁敲侧击地落脚到实处，所以是属于间接的。

较为直接的，就不是通过讲述其他故事，即不运用寓言方法，直接触及所要讽刺的人事，最常用的是反语。如李宗吾于1912年发表《厚黑学》，作者开宗明义自称发现了成为英雄豪杰的秘诀，这秘诀就是"面厚心黑"。文中列举三国英雄曹操、刘备、孙权，后汉英雄项羽、刘邦、韩信、范增，从面厚心黑的角度，分析他们的得失成败，说明中国的英雄并不是靠德行、智慧、勇敢，而是靠面厚心黑获得成功的。接着他还讲解如何分三步功夫，逐步掌握"厚黑学"的真谛：第一步是"厚如城墙，黑如煤炭"，"因为城墙虽厚，轰以大炮，还是有攻破的可能；煤炭虽黑，但颜色讨厌，众人都不愿挨近它，所以只算是初步的功夫"。第二步是"厚而硬，黑里亮"，"能够到第二步，固然同第一步有天渊之别，但还露了迹象"。第三步

是"厚而无形，黑而无色"，"至厚至黑……后世皆以为不厚不黑"，这"才算是止境"。

　　作者在这里讲解"厚黑学"，其实是对历史上所谓的"英雄"，对现实中的一些现象进行辛辣讽刺。由于"英雄"是褒义词，讲解过程又似乎一本正经，所以曾引起不少误会，甚至认为作者是在教唆，其实作者是运用反语的方法，以反语达到讽刺。

　　夸张的方法也较常用，这里主要是指情节上的夸张，如对于悭吝者的讽刺，《儒林外史》里写严监生临死时，因家里多点了一根灯草，便伸着指头迟迟不肯瞑目，已广为人知。元曲中有一出叫《看钱奴》，写贾仁发迹后却得了一场病，这病十分蹊跷，据他自叙："我儿也，你不知我这病是一口气上得的。我那一日想烧鸭儿吃，我走到街上，那一个店里正烧鸭子，油渌渌的。我推买那鸭子，着实的挝了一把，恰好五个指头挝的全全的。我来到家，我说盛饭来我吃，一碗饭我咂一个指头，四碗饭咂了四个指头。我一会瞌睡上来，就在这板凳上，不想睡着了，被个狗舔了我这一个指头，我着了一口气，就成了这个病。"贾仁守着万贯家财，却要舔油吃饭，并与狗争食，居然一气成疾。到他临死时又叮咛儿子："我的儿，不要买，杉木价高，我左右是死的人，晓得什么杉木柳木！我后门头不有那一个喂马槽，尽好发送了！"但是马槽太短，他也有办法，说可以把他剁成两截，并且剁时，斧头还要向邻家去借，因怕自家的斧头"剁卷了刃"。其悭吝程度比严监生有过之而无不及，这里的讽刺是强烈的，除了属于情节上的夸张外，还有在言词上、动作模仿上的夸张等等。

再就是颠倒了，如加拿大作家里柯克的小说《布衣英雄海洛夫特的奋斗身世》，写赫塞克亚·海洛夫特只身到纽约谋生，处处遭冷眼、受欺侮，在走投无路的情况下，他去当了无赖和盗贼，终于成为偷盗抢劫、杀人放火的罪犯。哪知这一来，从前瞧不起他的那些工头、巨富、警察，一反常态，对他敬佩有加，更奇怪的是他因抢劫杀人而被捕入狱后，竟然以一位贵宾的身份得到警察、法官、律师的关怀，受到编辑、记者、工商业家的眷宠，甚至成为上流社会崇拜的偶像，最后不仅宣告无罪，而且"丢失的左轮手枪和耗费的子弹予以赔偿"，"与此同时，赫塞克亚身为防盗安全公司的总经理，成了纽约新兴一代的金融家，面临着最乐观的前景——选入美国参议院"。美国作家欧·亨利的小说《警察与赞美诗》，写了一位流浪汉，与海洛夫特的命运刚好相反：他起初想当一个无赖式盗贼，被警察抓起来投入监狱，时值隆冬，监狱条件虽差，但衣食总算有了保证。出来后又倒怀念起那个地方，可是他每次当着警察的面作奸犯科，总是无法使警察把他抓起来。后来当他想重新做人的时候，警察却以莫须有的罪名逮捕了他。以上两篇小说摆在一起，可以说是相映成趣，前者是罪恶受到尊重，后者是善良遭到迫害，两者都是颠倒了常情常理，对社会的丑恶和黑暗做了深刻的讽刺。

较为直接的讽刺，主要就是采取反语、夸张和颠倒等手法取得效果，还有一些其他手法，相对来说则较为次要。这里说的是幽默与讽刺的交叉部分，讽刺效果达到了，幽默机智的情趣也寓于其中。

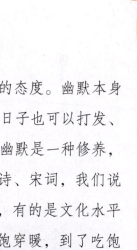

揶揄调侃轻松活法

　　总体上说，幽默机智的效果都需要揶揄调侃的态度。幽默本身就是一种奢侈，社会上许多压根儿不懂幽默的人，日子也可以打发、工作也可以开展，他们甚至也有自己的乐趣。但是幽默是一种修养，只有文化知识达到一定程度，才能玩味。正如唐诗、宋词，我们说是祖国的瑰宝，但是也有许多人根本就无法欣赏，有的是文化水平低，有的是修养不够。比如吃穿，穷人只要求吃饱穿暖，到了吃饱穿暖还有余裕，才开始讲究吃的可口、穿的漂亮。一般人的社会交往，只要求达意而已，到了达意以后还有余裕，才开始讲究技巧，才开始追求幽默机智的效果。

　　既然幽默机智的效果都需要揶揄调侃的态度，那么揶揄调侃法就是幽默机智的最普通的一法。几乎什么法都可以，而且需要与它搭配，凡属这些类型的，我们都尽量归入各种法里去讲了，这里我们只把那些绝不采用什么法，纯粹属于揶揄调侃的态度的，当作揶揄调侃法来讲。

号称"补白大王"的郑逸梅曾写过一篇叫《自暴其丑》的文章，尽情暴露自己的丑陋，没有任何意图，只是为了取笑，他写道：

我今年九十三岁，两鬓早斑，须发全白，所谓"皓首匹夫"这个名目，是无可否认的，加之，齿牙脱落，没有镶装，深恐镶装了不舒服，未免多此一举，索性任其自然，好在我的食欲并不旺盛，能吃的吃一些，不能吃的也就算了，这岂不是成了"无耻（齿）之徒"吗？老伴周寿梅，逝世已越十多年，鳏居惯了，反觉得不闻勃溪交谪之声，一室寂静，悠然自得。但《书经》有那么一句话："独夫，纣"，指无道之君而言。我是无妇之夫，单独生活，那"独夫"之加，也不得不接受。我患有冠心病，时发时愈，所谓"坏良心"，我是自打招供的。且老年人，骨头中减少了钙的成分，当然体重轻一些，那又属于"轻骨头"了。我每晨早餐，进粥一碗，佐餐的是玫瑰腐乳，所谓"生活腐化"，我是实行的了。又老年人的进食，每以蔬菜为宜，可是我适得其反，午饭喜啖红烧肉，古人说"食肉者鄙"，我又是一个"鄙夫"。我执教鞭一辈子，中学、大学、女学，教过数十所，但一方面教书，一方面参加社会的文艺活动，兼为各刊物写稿，一些朋友和我开玩笑，说我"不务正业"。我除写作外，什么都是低能，家中机械化的新颖用具，我都不解如何施用，必须儿媳为我启闭，因自号"拙鸠"。"拙鸠"也就是"笨伯"的别称。性情带些迂执，大有"迂夫子"之概，复自取一号"大迂居士"。"老而不死是为贼"，我年届耄耋，当然是十足道地的老了，"贼"的名目又是推卸不掉的。又提倡新文化的，对于民初崇尚辞藻，写那哀感顽艳的小说，经常在字里行间出现"卅六鸳鸯同命鸟，一双蝴蝶可怜虫"的成句，为"鸳鸯蝴蝶派"，甚至"左倾"偏激的，扩大范畴，即使不写这类小说，凡是民国初至五四运动，在旧报刊上有所撰述的，一股脑儿斥为"鸳鸯蝴蝶派"，更詈之为"文丐"、"文妖"、"文娼"，竭泼妇骂街之能事，那么我在这时已东涂西抹，也就未幸免带进这个圈子，"丐"、"妖"、"娼"多少有些份儿了。

这里把自己的缺点、缺陷，以及并非什么缺点、缺陷的种种"罪名"，一股脑儿往自己身上倒，并没有其他任何目的，只是揶揄调侃。这是自我揶揄调侃法。

对于别人，如杜甫《饮中八仙歌》：

> 知章骑马似乘船，眼花落井水底眠。
> 汝阳三斗始朝天，道逢麹车口流涎，
> 恨不移封向酒泉。左相日兴费万钱，
> 饮如长鲸吸百川，衔杯乐圣称避贤。
> 宗之潇洒美少年，举觞白眼望青天，
> 皎如玉树临风前。苏晋长斋绣佛前，
> 醉中往往爱逃禅。李白一斗诗百篇，
> 长安市上酒家眠，天子呼来不上船，
> 自称臣是酒中仙。张旭三杯草圣传，
> 脱帽露顶王公前，挥毫落纸如云烟。
> 焦遂五斗方卓然，高谈雄辩惊四筵。

这里诗人用生花的妙笔，把八位文人嗜酒如命的形态，一个一个刻画得淋漓尽致。这首诗也没有其他的用意，只是揶揄调侃，这是对于别人的揶揄调侃法。

对于世事，如乘车，由于城市人口猛增，上下班乘车，显得非常拥挤，有一篇文章叫《挤车的诀窍》，就专门写乘车的"学问"：

先说上车，车来时，上策为"抢拉"——犹如球场上的"抢点"。精确计算位置，车门停在身边，可收"先据要路津"之利，当然，必须顶住！此中诀窍：上身倾向来车方向，稳住下盘，千万莫被随车涌来的人流冲去（好在你身后还有助力之人）。中策则为"贴边"。外行正对车门，拥来晃去，枉费心力。尤其是北京不同外地，哈尔滨上车是"能者为王"，上海人多少顾及颜面，但动辄大呼小叫，使你无心恶战。北京人又要讲点风格，又要赶紧上车，车门前便非好去处。你是否注意过：售票员洗车，从来无须擦车门两旁——那里全被精明的挤车人蹭得一干二净了！贴住边，扮出一副泰然自若的样子，一点一点把"无根基"者拱开，只要一抓住车门，你就赢了。下策呢，可称"挂搭"。一般人，见车门内外龇牙咧嘴之惨状，早已退避三舍了。司机呢，只要车门关不上，也不敢贸然走车。这时，你将足尖嵌入车门（万勿先进脑袋），然后紧靠门边，往里"鼓拥"，自可奏效……

这里，作者似乎用过来人的口吻，超越纷繁复杂的世事之上，对这熙熙攘攘的众生相来一个客观细致的描绘，虽然不无嘲讽讥刺的成分，毕竟还是揶揄调侃为主，这是对于世事的揶揄调侃法。

对于自己、对于别人、对于世事都能采取揶揄调侃的态度，那么揶揄调侃法便可以随心所欲地施为。

鲁迅给友人书谈及儿子海婴："我这里的海婴男士，却是个不学习的懒汉，不肯读书，总爱模仿士兵。我以为让他看看残酷的战争影片，可以吓他一下，多少会安静下来，不料上星期带他看了以后，闹得更起劲了，真使我哑口无言。希特勒有这么多党徒，盖亦不足怪矣。"这最后一句就是运用自由联想的揶揄调侃法。

有人向宋朝丞相王安石献计，建议把方圆万余顷的梁山泊的水放掉，这样可以得到大量良田，王安石认为这未尝不是一个好办法，但偌多的水放到哪里去呢？正在沉吟，只见另有一人朗声说："此事不难！"王安石忙问他如何解决，他说："这很容易，另外开辟一个梁山泊来蓄水，不就行了？"王安石一听，不禁哈哈大笑，因为既然需要另外开辟一个梁山泊来蓄水，那又何必多此一举？这是运用插科打诨的揶揄调侃法。

如此等等，不一而足。

静态亦可表现幽默

　　语言是人类最重要的交际工具，所以要表现一个人的幽默机智，主要是用语言这个载体。但这并不是说除语言之外，再无别的表现法，这里先介绍一种：静态表现法。

　　世界幽默大师卓别林处于电影草创时期，那时电影还不能配音，他的幽默机智，主要是依靠动作表现出来的。然而凡看过卓别林影片的人，哪一个能忘掉他那一身滑稽的打扮和独特的姿态呢？你看，那条特大号的裤子和特小号的外套，头上那顶显得过小的圆形礼帽，脚下那双又长又大的翘头皮鞋，鞋子实在太大，竟可以左右反穿，再加上一小撮胡子，当他拿起雨伞当手杖，像鸭子般站在人们面前时，一下子就引起了笑声，这笑声就是静态表现法带来的效果。同样，在我国戏剧里，小丑一出场也会引起观众的笑声，你看那涂着白鼻梁的脸庞，显得太短而不称身的衣袍，不管春夏秋冬永不离手的折扇——于是我们知道一个人的化妆、穿着、姿态都会产生幽默机智的效果。

　　先说化妆，化妆是一门艺术，戏剧化妆固然是舞台上的事，却也已进入我们的日常生活，小孩子喜欢戴上各种面具相互嬉戏取乐，面具应该说是一种广义的化妆。这里有动物图形，也有戏剧脸谱，明明是熟识的朋友，怎么一下子变成妖魔鬼怪，牛头马面呢？这种乐趣就含有幽默感。相应地，成人也有化装舞会或假面舞会，在这样别出心裁的舞会上，完全打乱了人与人之间的原有关系，最多只能凭体形和动作猜度对方。一切重新组合，熟识的变陌生了，陌生的却又好像熟识，人们在混杂和交叉之中双双起舞，这种舞会给人带来的乐趣也许更胜于儿童的面具，但都具有幽默的成分，这一点是相同的。

化妆当然不单指这些，在现实生活中，人化妆最主要的目的是为了美容。那种低级的东施效颦式的"美容"，不属于这里说的"静态表现法"。因为严格地说，美容的要谛是因人而异，优秀的美容术不是追求千人一面，而是要根据各人的长相，力求在扬美抑丑的同时展露个性特征。我国古代也有过淡妆和浓抹的论争。相传魏时有一位何平叔喜爱化妆，常年脸色白皙，魏文帝见他每天敷粉，想同他开玩笑。这位皇帝也真够风趣，竟于夏天亲赐热汤饼给他吃，吃得他大汗淋漓，不得不用衣袖拭汗，这一拭便弄得满面污渍狼狈不堪。唐代诗人李白强调"清水出芙蓉，天然去雕饰"。花间词人却一味以描绘粉饰为能事。直至苏轼才说出了"淡妆浓抹总相宜"，作为公允之论。在各种新式化妆品日益繁多的今天，据说世界化妆的潮流正向着"无形化妆"发展。简单地把嘴唇涂得鲜红，把眼睛涂成五颜六色，已经遭到冷落。代之而起的是清雅的，仿佛没有化过妆的妆容。一个人化了妆，如果脂粉气过重，那么连她本身的姿色都被认为是化妆的，就得不偿失了；如果能掌握得恰到好处，那么这些脂粉就变成了她的本色，这才划得来。嘴唇太宽，不一定要设法画小，眉毛太浓，不一定要拔掉重描。要知道嘴唇多宽多厚，眉毛多细多长，并没有世界通用的标准，大胆展露自己的个性特征是取得化妆成功的条件。美国幽默心理学家哈维·闵德斯说过："摆脱重复，摆脱刻板，是幽默的两大功能。"所以大胆展露自己个性特征，就需要幽默。

几乎可以断言，那些只知道跟着潮流走的人，大都缺少幽默。他们经常为自己身体上的某些缺陷而自卑，千方百计想加以遮掩。有这么一则故事，说曹操当上魏王后，常嫌自己身材矮小，容貌丑陋，值匈奴派使者来魏，曹操怕自己的长相不足以雄镇远国，就叫声姿高畅、相貌威重的崔季珪代替自己，冒充魏王坐在中间，自己则持刀站在一旁。事后曹操派人了解匈奴来使对魏王的印象，来使说："魏王雅望非常，然而那位持刀侍者，才是真正的英雄。"这位匈奴来使是有眼光的。这则故事告诉我们：几乎每个人都有自己的缺陷，你看，论声姿相貌，曹操不如季珪；论英雄气质，则季珪不如曹操。所以法国著名影星索菲娅·罗兰说："我甚至敢说，应当珍爱自己形体上的缺陷，与其去消除它们，不如去改造，让它们成为惹人爱怜的个人特征！"

展露自己的个性特征，对缺陷比较明显的人来说，是需要勇气和幽默感的。春秋时期齐国的晏子作为使臣来到楚国，楚王见他身材矮小，有意侮辱他，问道："难道齐国都没人了，竟派你这样猥琐的人充当使者？"晏子不慌不忙地回答："我国使臣有好几等，看到什么国家就派哪一等使臣，我最不才，所以被派来楚国。"举这个例子是要说明：一个有比较明显缺陷的人，只有具备幽默的修养和才能，才敢于展露自己的个性特征。侮辱的话不一定会出现，应对的话却不可不贮于胸中，这样你就坦然了。

一个人的穿着与化妆一样，也是以展露自己的个性特征为上乘。新中国成立以后很长一段时间，我们的服装是清一色的类同化，那时男女几乎不可分辨，都是藏青色的中山装或列宁装，后来又流行起旧军装。现在看来这种状况是一去不复返了，随着生活水平的提高，人们合理的爱美要求，应予鼓励。只有在多样化的前提下，才能展露自己的个性特征。男士有庄重的西装、轻松的夹克，还有其他如T恤衫、猎装、风衣、羽绒服等等。女士就更多了，这里能带来幽默效果的大约有两种，一种是对于异域情调的追求，一向温文尔雅的东方女性，如果披上风衣，领子要翻起来，腰带可系得随意一点，再配上一双靴子，不仅风度翩翩，而且洋溢着异域情调，会给你平添幽默感。还有一种是角色反串，因为我们的穿着往往根据年龄、职业有一种既成的定势，比如中年的机关干部，平时应穿得优雅稳重，但在逢年过节或休息日偕同家人出去游玩时，却可以换一副面目，使同事几乎认不出来，会产生幽默机智的效果。

姿态的幽默感主要来自角色反串，如大人装作小孩的神情，小孩装作大人的模样，都会产生幽默感。但这要注意环境场合的气氛，还要掌握适度，否则就会弄巧成拙。据说有一位领导微服私访，本来是为了隐蔽自己的身份，更好地体察民情，这是角色反串，行动本身是带有幽默感的，哪里知道为了一些小事，看不顺眼，犯了急躁病，竟与人家吵起来，忘了自己的地位和这次行动的初衷。由此可知，采用姿态来表现幽默感时，一定要强化幽默意识。

此时无声胜有声

　　动态表现法也是属于语言之外，表现幽默机智的一种方法。

　　一个人的动作被称为"无声的语言"，这里当然不是指哑巴的手语，因为哑巴的手语也是一种语言；也不是指一般的所谓"人体语言"，"人体语言"大约指一个人的姿态和一些简要的动作，这里的含义要更广些。

　　提到动态表现法，我们自然会想起卓别林的精彩表演。你看他匆匆赶路，突然被绊倒，回头一看，见路边躺着一个人，他摘下礼帽，对那人致以歉意；再走，又被绊倒，他立即又摘下礼帽，致以歉意，可这次绊他的却是一只痰盂……你看他正用扳手不断地把传送带送来的螺丝拧紧，一个又一个，一个又一个，直到他跑到街上，手里还拿着扳手，前面迎来一位胖妇女，高挺的胸上有两颗纽扣，他把扳手机械地伸向纽扣又要拧……卓别林是演员兼编导，他以精湛的技艺来体现巧妙的构思，幽默机智的效果油然而生。当然这是属于表演艺术，与我们日常生活还是有距离的。在上述动作里作为演员的卓别林带给了我们一组组滑稽的镜头，这些镜头固然好笑，却不是幽默，幽默的效果是由作为编导的卓别林赋予的。也就是说，这些动作如果发生在日常生活中，固然也会引人发笑，但人们却不会认为这个主人翁有幽默感。那么在日常生活中，一个人怎样以动态来表现他的幽默机智呢？

维也纳古典乐派大师莫扎特是海顿的学生，一次学生与老师打赌，说自己能写一段曲子，老师弹奏不来。果然老师输了，他惊呼："我双手分别按在钢琴的两端，这时一个音符出现在键盘中间，这是任何人都没法弹奏的。"如果的确任何人都没法弹奏，莫扎特也就不能算赢，但是，他含着微笑胸有成竹地坐在钢琴前弹奏起来，当弹到那个音符时，他俯下身子，用自己的鼻子弹出了那个音符。在这则故事中，鼻子变成了手指，出人意料地创造了幽默，它告诉我们：一个人的动作可以表现他的幽默与机智。

这只是一则幽默故事，日常生活之中当然需要开开玩笑，而更多的却是严肃的场面，动态表现法怎样把幽默带进严肃的场面呢？

可以想象有这样的例子：马路上你不小心踩了别人或撞了别人，而这个人又过分认真地同你论理，大有吵架之势，把周围的目光都吸引了过来。这是一个性急的人，他气势汹汹，根本不容你解释，甚至不容你道歉，这时你唯一的办法就是借助于动态表现法，用耸肩、微笑、眨眼、努嘴来表示你的无可奈何。在他面红耳赤地大声喧嚷的映衬下，你的动作和表情就充满了幽默感，往往会很快赢得围观的人群，那么这场小小事端就会向于你有利的局势发展。这是幽默的力量，而这幽默正是动态表现法产生的。还可以想象这样的例子：当一群朋友，针对你某一方面的缺点，或者仅仅是某一句话的漏洞，又或者是他们纯粹为了取闹，向你进行善意的挑衅，你将如何应付这种场面呢？当然你可以争辩，甚至反唇相讥，你也可以转移目标找到顶替的人，自己脱出身来，如此等等。但是这些都是其他的方法了，如果你愿意采用动态表现法，则不须开口，只要依照大家所说的意思做一个相应的动作，如缩头、吐舌头、扮鬼脸，或者装蒜、装傻。要知道他们这种善意的挑衅，其目的也不过是为了一笑而已，你的这些动作，言下之意是否定了自己，带有幽默色彩，就能引出他们的笑声，使大家得到了满足。

以上两个例子都是防御性的，动态表现法当然也可以用于进攻。最常见的是模仿别人的一些动作，要善于发现别人动作中的可笑之处，当其他人还没有觉察时，你先看到了，然后只要简单地重复模仿，就能取得幽默的效果。如果你发现的只是别人动作中含有可笑的因素，那就需要夸张模仿，突出其中的可笑成分，才能取得幽默的效果。当然，这些模仿应以仅取其幽默、不致伤害别人的自尊心为原则。

动态表现法的"动态"，除了动用自己身上的一些部件（鼻、眼、嘴、肩等）以外，还可以动用道具，如衣服、帽子等。

美国第十六任总统林肯在当律师时，曾为一位被告辩护。原告律师在法庭上把一个简单的论据翻来覆去地讲了两个多小时，讲得听众都不耐烦了。好不容易轮到被告律师上场，林肯从容不迫地走上讲台，只见他脱下外衣，拿起杯子喝两口水，又穿上外衣，再喝水，再脱衣，再喝水，把这两个简单的动作重复了五六次。这些动作都属于法庭允许的范围，但由于多次重复，听众自然联想起前一位律师的重复啰唆的讲话，都笑得前俯后仰。林肯还没说一句话，仅以动态表现法表现出来的幽默机智，就尖锐地嘲讽了原告律师的浅陋，在法庭上赢得了心理上的优势和听众的同情，从而为自己的辩护创造了获胜的条件。

一位青年写了一支曲子，请著名的歌剧作家罗西尼看，罗西尼要他自己用钢琴弹一遍。罗西尼在听的时候，经常把自己的帽子脱下来又戴上，戴上又脱下，一连好几次。演奏结束后，这位青年问他为什么听的时候连连脱帽，罗西尼回答说："我有一个习惯，每遇到老熟人，总要脱帽招呼一下。"遇到老熟人脱帽招呼，这是西方的传统礼仪，但这里是青年在请他品评乐曲，罗西尼就是用动态表现法，说出了自己对于乐曲的意见。这意见很尖锐，意即：你的曲子里有很多地方是抄袭别人的，整个曲子是东拼西凑的。罗西尼如果直接指摘那位青年，估计青年不好下台，所以使用了动态表现法，用委婉曲折的办法说出自己的意见，其尖锐程度一点也不亚于直接指摘。不仅保留了青年的面子，还能博得那位青年一笑，这是否定自己的一笑。

我们所能动用的道具，除衣服、帽子以外，还多的是，有的固然也有幽默的效果，却是不可取。

两位青年喝酒谈心直到深夜，他们恰恰没戴手表，不知几点钟了，其中一位自作聪明，他说他不用开口就有办法问出时间。他的办法是打开收录机大声地播放音乐磁带，不一会儿，只听隔壁一妇人叫道："都十二点半了，还听歌！你不睡，别人也不要睡呀！"时间是问出来了，这一动态表现法，对于另一位青年来说是带有幽默感的，但对于那位妇人以及其他邻居来说，却无疑是恶作剧了。诸如此类的，为我们这里的"动态表现法"所不取。

假戏真做藏幽默

　　比动态表现法的动作更大的，是假戏真做法。假戏真做法是指把一件不是真实的事当作真实的事来做，关键是做的时候必须当真的对待，同时，又必须揭穿假的。这里幽默机智的主体即是假戏真做的主角，做时还必须有一些配角。因为主角和配角都变成戏中人，所以幽默机智效果的感受者是其他观众。

　　人可能有做戏的天性，差不多所有儿童都运用过假戏真做法。你看那些六七岁，甚至三四岁的儿童，女孩学妈妈抱布娃娃，男孩一本正经学爸爸的举止行动，还有"小兔子乖乖，把门儿开开"的关于狼外婆的故事，儿童们都十分认真地把假戏真做。对他们来说，道具都很简单，拿一把椅子反过来坐，就是一辆汽车，搬许多凳子接起来，就是一列火车，棉被可以是牧场，枕头可以是大山，飞机可以拿在手里飞，轮船可以放在地上开……他们自己恐怕不一定有幽默机智的体会，但我们如果愿意多替他们想想，甘作观众，不妨饶有兴味地看他们演出，一定能从中感受到幽默机智的效果。当然这毕竟是无意识的,我们这里的假戏真做法主要是指成人的事。

在一般人的观念中,《三国演义》里的诸葛亮为人严谨,不是一个以幽默出名的人物。但是我们应该看到,他的许多言行含幽默意味,只是这幽默意味与他的足智多谋相比,没有引起人们应有的注意罢了。

诸葛亮才能过人,鹤立鸡群,确有余裕运用假戏真做法对一般的人进行揶揄调侃。你看他的出场就是一场假戏真做:佯作不知,一再避而不见,直要刘、关、张三顾茅庐,又故意草堂高卧,迟迟起身。在赤壁大战中,他充当说客来到东吴,周瑜要他十天之内造十万支箭,他自报三天完成任务,立下军令状,却不准备造箭材料,向鲁肃借了二十只船用青布为幔,各束草千余个,分布两边,于第三天晚上驶进长江,擂鼓呐喊,自己在舱内酌酒取乐。原来这时大雾迷漫,对面不见人,曹操以为必有埋伏,命乱箭射之,等天明回船,十万支箭齐矣。他事前并不说穿,可笑鲁肃被吓得半死,及得箭后又命军士高叫:"谢丞相箭!"周瑜见三天之内得箭十万,不禁大惊不已。这段情节叫"诸葛亮草船借箭"。对于周瑜来说,造箭是假,对于曹操来说,埋伏是假;对于鲁肃来说,这一切都是假。假戏真做,同时捉弄了周瑜、曹操、鲁肃三人,真所谓一石三鸟,赢得历代观众拍手叫绝,这是假戏真做法之妙用也。接下来回到夏口调兵遣将,准备截杀曹兵,单单留下关云长,全然不理睬。云长问起,又故意说:"本欲烦足下把一个最紧要的隘口,怎奈有些违碍,不敢教去。"是因为考虑到曹操曾厚待过云长,恐云长徇私情放了曹操。诸葛亮有意让云长立下军令状,不出所料,云长果然重义气,放了曹操。

及报云长回营，诸葛亮又故意离座执杯相迎，要庆贺云长活捉曹操建立头功，把戏做足。这一系列精彩的表演，说明诸葛亮是运用假戏真做的能手。然而人们往往惊叹佩服他计谋过人，而把他幽默机智的情趣忽略了。建议大家在读《三国演义》时，常往这方面想想，所得必当良多。

国外同样有假戏真做的例子。伟大的物理学家爱因斯坦博士提出举世闻名的相对论，一时之间不知有多少大学邀请他去演讲，弄得他忙于应付、疲惫不堪。他的司机李查每次送他到校后就坐在台下听讲，听了三十多次，已听得能够背下来。于是李查对爱因斯坦说："您实在太辛苦了，下次让我穿上您的衣服代您演讲，您看如何？"爱因斯坦立即笑道："妙呀，反正台下认识我的人也不多。"他们两人性情诙谐，一拍即合。此后就由李查代替爱因斯坦演讲，由于他背得一丝不差，甚至把爱因斯坦的表情和动作也模仿得惟妙惟肖，从未出过乱子，爱因斯坦则扮成司机坐在台下。一次终于发生了意外，就在李查演讲结束准备下台时，一位教授模样的男士站起来提出一连串的问题，要求阐释。台下的爱因斯坦暗暗吃惊，却只见台上的李查故作轻松地对那位发问者说："这些问题很简单，我的司机也可以回答。喂，李查，你来帮我做些说明吧，我要休息一下了。"这时爱因斯坦穿着司机的服装走上讲台，对问题一一做了解答。两人配合默契，化险为夷，留下了永久难忘的回忆。当然这场假戏真做，对于蒙在鼓里的台下观众是毫无幽默机智的情趣可言，而我们却一定觉得十分逗人。

假戏真做法可以用于帮助自己。法国作家拉伯雷为了解决从里昂到巴黎的车费，故意在三只装着糖果的小袋子上写："给国王的毒药"、"给王后的毒药"、"给太子的毒药"。然后引诱他人去告发，从而顺利被捕，被押到巴黎，最后证明纯属误会，又被释放了。他免费到巴黎的目的已经达到。由于采取假戏真做法，引来无穷的幽默情趣。

假戏真做法可以用于惩罚对方。如安徒生童话《皇帝的新衣》讲骗子愚弄皇帝，其实压根儿没做衣服，偏说是用最好的布料，而这布料，愚蠢的人和不称职的人是看不见的，大家为了害怕去担愚蠢和不称职的罪名，一致夸奖这衣服漂亮又美丽，弄得皇帝赤身露体上街游行，还在那里自鸣得意。这是运用假戏真做法的著名例子，在惩戒别人的同时，获得了幽默机智的效果。

将错就错其实不错

军事谋略中有将计就计，我们这里有将错就错。将计就计是对对方的计谋了然于胸，然后在他的计上加计，表面似乎中了对方的计，实则是为了隐蔽自己的企图，在对方以为得手的情况下，使对方落入自己的计谋之中。由于表面似乎中了对方的计，所以运用此计，有点"大智若愚"的味道。这里的将错就错，与它有一些相通的地方，首先我们也是看出了对方的谬误，其次我们也在表面上似乎承认了对方的谬误，最后在结局上我们也是在对方觉得取得一致的情况下突然来一个反转，等到对方发觉你的用意恰恰与他相反时，他除了懊恼不及外，只有哑然失笑了。同样由于表面上似乎承认了对方的谬误，所以运用此法，也有点"大智若愚"的味道。

作为幽默机智的方法，将错就错法与归谬论证法又有相通之处，首先两者都发现了对方的谬误，其次都予以承认，最后两者也都达到了否定的目的。两者的不同之处在于归谬论证法是出诸思维、诉诸语言，而将错就错法则比较简单，没有耐心说出许多道理，而

是主要付诸行动。在我们周围经常碰到一些并无真才实学，却又好高骛远的人，板起面孔给予教训，往往收不到良好的效果，甚至还会闹成僵局。你看那位青年，又拿着他写的诗到处炫耀了，其实那首诗大部分都是摘抄19世纪英国拜伦的抒情诗作拼凑而成的，真是恬不知耻！

作为他的朋友，某甲却有办法，他采取将错就错法，在看了诗稿后，不动声色地问："这首诗真是你写的吗?"答："当然啦，这还用问!"某甲连忙向他一鞠躬说："我十分荣幸地见到你，敬爱的拜伦先生，我还以为你死了很久呢!"

这是将错就错法实用的例子，它不像归谬论证法那样进行大量的归谬，而是直接承认错误，一躬到底，这位青年如果还懂得一点羞惭，简直是无地自容了。

有一个故事，讲聋子与哑子相遇，聋子为了表示自己能听，请哑子唱歌。哑子本唱不出声，但欺对方耳聋，就运用将错就错法，用手打起节拍，煞有介事地把嘴唇一开一翕，好像唱歌。聋子侧着听不见的耳朵假装倾听，直到看见他嘴唇不动了，才夸奖道："很久没有听到你的歌声了，今天觉得更长进了。"

这位哑子真是幽默大师，运用将错就错法深得个中三昧，谁让你聋子弄虚作假?他就来一个将错就错，我们笑哑子是赞美他聪明，笑聋子是鄙弃他虚伪。

还有一则，讲古代一位老师不准学生中午睡觉，自己却睡了，说他梦见周公。学生虽知哄骗，却也无话可说。第二天学生便也去睡，老师责备的时候，这位学生就运用将错就错法，说自己亦梦见周公，并说："周公说他昨天没有遇见老师。"老师和学生到底有没有梦见周公，两人心中都有数，但老师也用不着争辩，因为这种伎俩已经被人学去。这则故事虽没有很多动作，但也没有大量归谬，仍是属于将错就错法。

以上三个例子被讥笑的对象，都确实有错。但有时被讥笑的对象可能并没有错，我们仍然可以运用将错就错法。例如：

美军军事演习中，一位指挥官的吉普车在一段泥泞路中打滑，指挥官看见周围躺着一些士兵，就要他们起来帮助把车推出泥潭。但这些士兵在这次演习中的任务是扮演死者，他们当中的一位回答道："我们不能起来活动。"这确是一个难题，指挥官见叫不动他们，采用了将错就错法，对司机吼道："快去搬那些'死尸'来填在车辆底下！"他的话音未落，躺在地上的士兵都纷纷起来，很快就把车子推出了泥潭。

车辆陷进泥潭，就要找一些东西填在车辆底下，周围找不到合适的东西，那么找些"死尸"来填塞，也未尝不可。问题是那些"死尸"是装扮的，恪守"死尸"的身份不起来活动，似乎无可非议，但是在不影响军事演习大局的前提下，帮助推车似乎更近情理。你要坚持"死尸"的身份，那么别人也就把你当作"死

尸"看待，这就是将错就错法的变通妙用。

下面再举一个更有趣的例子。

哈里是一个多话的孩子，吃饭时也不例外，因此父亲特别郑重地提出不许他吃饭时说话。吃着吃着哈里露出了一副想说话的神情，但又不敢说，因为父亲有约在先，好一会儿父亲终于问道："孩子，你又想说话了吗？"哈里见父亲开口，也就开口问了："苍蝇好吃吗，爸爸？""苍蝇怎么能吃？孩子，你为什么问这个问题？""刚才盘子里有一只苍蝇，我看见你已经咽下去了。"

这是一则外国幽默，父亲不许孩子说话，结果孩子眼睁睁见父亲咽了一只苍蝇进去，这位父亲对孩子的事后告发，真真无可奈何！因为不许孩子说话是他自己规定的，真叫自作孽了。但是我们设想，如果这位孩子是撒谎，即他并未见父亲吃进苍蝇，那么他真是绝顶聪明、极端调皮，他竟采用将错就错法，使得父亲今后再也不会禁止他吃饭时说话了。

欲擒故纵巧妙擒拿

逆向思维法是有一个参照物，然后反其道而行之，这样我们的思路与参照物之间就是取相悖的态势。但是如果我们一身兼有两者，即我们既考虑到矛盾的这一方，同时又考虑到矛盾的另一方，并且为了达到这一方而故意去做另一方，那就是欲擒故纵法。逆向思维法仅局限于思维，而欲擒故纵法则付诸行动。

"欲擒故纵"原是我国古代著名军事谋略"三十六计"中的一计。该计说：打仗时不要把敌人逼得太紧，太紧则敌人会作困兽之斗，我方付出的代价就大了；要留一线生路，让他逃跑，然后乘胜追击，可以以较小的代价换取较大的胜利。

当今世界有一股潮流，就是把军事谋略用于经商活动，于是这里欲擒故纵计就变成了欲擒故纵法。先看广告，广告是伴随商品生产的产生而产生，伴随商品生产的发展而发展的一种搞活经营、促进营销的有力手段。早在1980年，广告业已取代旅游业，成为世界最大的无烟工业。但正是由于几乎没有一则广告不说自己产品的好话，便形成好话太多太滥，所以一般性的广告不仅愈来愈引不起人们的关注，甚至还会令人生厌。于是，在现代广告竞争中，广告的宗旨变成首先要使人注视自己，广告设计者挖空心思企图抓住顾客，这是广告的第一特征。但是你能把广告涂满街头，行人也能视而不见；你可以把广告插在电视节目中间，观众也可以把插播广告的时间当作场间休息。

泰国首都曼谷有一间酒吧，门口横摆一只巨型酒桶，上面写着醒目大字："不许偷看！"行人路过看见如此情景，都出于好奇，偏要过去一看，谁知走到桶口，就闻到里面散发出一股清醇芳香的酒味，只见桶底写着："本店美酒与众不同，请君享用！"原来"不许偷看！"正是一则广告。这则广告的设计者利用人们的好奇心理，用"不许偷看！"来引诱人们去看，真正的用意是要人们去买他的美酒，等到人们发觉自己上了一个美好的当，立刻就会感受到幽默机智的情趣。这就是欲擒故纵法用于广告活动中的实例。同样，有的电影院为了招徕顾客，故意用"儿童不宜"等字样做广告，正是掌握了人们寻求新鲜刺激的欲望的心理，同样有着幽默机智的效果。

下面再看一家戏院经理是如何运用欲擒故纵法处理观众意见的。仰光少女习惯戴帽，进戏院看戏也不摘下，这样就妨碍了后排观众的视线。男士很有意见，要求戏院经理禁止戴帽看戏。经理感到为难，因为对于一位戏院经理来说，观众都是他的顾客，既不能得罪男士，也不能得罪少女。如何找到一条两全之计呢？这位经理终于有了办法，第二天就贴出了一张提倡戴帽的通告："本院照顾年高体衰的女客，允许她们戴帽看戏，不必摘下。"哪知通告一出，戏院里竟再没有一位女客戴帽看戏了。这张通告上说，允许年高体衰的女客戴帽看戏，言下之意是不允许其他观众戴帽看戏。同样的话，从反面讲来就温顺得多，更重要的是，青春少女谁愿被当作老太婆？这样她们就忙不迭地摘下了帽子，不仅把一场尖锐的矛盾化解于无形，而且知情者无不佩服这位经理圆滑精明。

　　加拿大卡尔加里市一家公共图书馆遇到了令人头疼的问题，不少读者经常借书不还，他们做了罚款规定，仍然效果不佳。管理人员后来想到了欲擒故纵法，不再往加重罚款的思路去想，而是做出一项"特赦"通知，并决定给借阅时间最久的读者颁发奖品，结果在很短的时间里，就收回了近五千册图书。以奖代罚，真是别出心裁。罚则人人害怕，奖则个个欢喜，掌握读者的心理，因势利导，才能达到自己的目的。

　　此法用于经商活动中，不限于以上范围，如洽谈生意，有时一方很想得到的东西，偏偏故意表现得漫不经心，可有可无，以避免对方敲竹杠等，都是此法的运用。而以上诸例，特别富于幽默机智的情趣，所以从幽默机智的观点来看，欲擒故纵法虽不是直接的方法，却可以产生幽默机智的效果。

预设圈套黑色幽默

　　预先设置一个圈套叫人来钻，这种做法是捉弄人，有失厚道，被捉弄者只能感到气愤，不可能感到幽默，感受幽默机智情趣的是旁观者。但既有此效果，介绍幽默机智各种方法时，也不能把它漏了。

　　儿童和青少年，经常有用预设圈套法来打闹的。有的学生将篓筐放在宿舍门上，等人推门进来，篓筐自然罩住他的头，十分滑稽。这种做法属于开玩笑，有一定的幽默效果。成人之间也有用此法来开玩笑的。我国古代有一个博学之士叫朱古民，滑稽多智，汤生不服，与他打赌，汤生说："我如今坐在室内，你能够诳我出去，我即服你。"朱古民说："外面风大，你当然不肯出去，如果你愿意去外面，我一定有办法把你诳进来。"汤生说："好，一言为定。"立刻走到门外，哪知这就是朱古民设置的一个圈套，朱古民见他一走出去，就拍手笑着说："我已经把你诳出去了！"

如果不是开玩笑，预设圈套作为幽默机智的一种方法，一般来说必须有一个前提，即被捉弄者不应是受人尊重的人，如果受人尊重的人被捉弄，即使是旁观者，也不可能感受幽默机智的情趣。例如南宋秦桧夫妇东窗设计陷害民族英雄岳飞，千百年来遭人唾骂，岂有幽默机智的情趣可言！这一点在我们具体讨论此法之前不可不先知道，明白了这一点，也就明白了我们这里说的预设圈套法，既不是一般人之间的开玩笑，也不是对受人尊重的人的捉弄，只限于对品质不好的人的惩戒。

预设圈套法的用途，首先是军事上的，即所谓"兵不厌诈"。如"声东击西"的"声东"就是一个圈套，表面上攻击东面，而实际却移兵西向，往往乘虚而入。"笑里藏刀"的"笑"就是一个圈套，用笑麻痹敌人，实则拔刀相见，令人防不胜防。"欲擒故纵"的"故纵"就是一个圈套，给对方造成一个机会的假象，不料一纵一擒具在人家的手掌之中。"假道伐虢"的"假道"就是一个圈套，因为假道表示友谊，谁知会来一个顺手牵羊呢？"上屋抽梯"的"上屋"就是一个圈套，让人上得下不得，绝了后路。"美人计"的"美人"就是一个圈套，以色诱人，艳若桃李、毒如蛇蝎，素有英雄难过美人关之说。诸如此类，不一而足。当然军事斗争，关乎生死存亡，但大军事家运筹帷幄之中，决胜千里之外，成竹在胸，有时也不妨表现一下幽默机智的情趣。战国时庞涓与孙膑同门学艺，庞涓投魏拜为元帅，却嫉妒师兄孙膑之才，设计陷害，使他刖足黥面，直至诈疯然后得脱。孙膑到齐后当了军师，后值魏齐交战，孙膑用减灶之计诱敌深入，庞涓追至马陵道，中了埋伏，见一大树向东树身砍白，用黑煤大书七字："庞涓死于此树下！"急令速退，怎奈箭如骤雨，庞涓料不能脱，只得拔剑自刎。试想孙膑用减灶之计，见庞涓日夜兼程，所谓骄兵必败，恰马陵道溪谷深隘，正好埋伏，时庞涓已成瓮中之鳖，孙膑计谋已定、部署已毕，大功即将告成，心情舒畅，在树上留字示警，真可谓锦上添花、画龙点睛，这几字充分表现了一位大军事家的幽默情趣，不知庞涓能否领略，当然对他来说也只有"黑色幽默"的情趣了。

附带说一下，"黑色幽默"是20世纪60年代出现于美国文坛的一个文学流派。这个流派的特点是把他们所处的周围世界和自我的阴暗的东西，加以放大、扭曲和延伸，让丑恶和荒诞更加毛发尽见，从而使人震惊，惶惑，产生一种绝望的幽默感。庞涓如果回顾自己对待孙膑的所作所为，对照眼前的处境，对于个中滋味当可体味一二。

政治上，也常常使用预设圈套法，官场的钩心斗角，其实是军事谋略的衍化，做好圈套，迫人就范，得意时候也可以讲几句幽默的话，体现幽默机智的情趣。

日常生活中也有预设圈套的例子，而这里的做法，显然有借鉴军事谋略方面的成分。

相传庄子有大劈棺的故事。庄子出游见一少妇浑身缟素，拿扇扇坟，就好奇地问她怎么回事。原来这是她丈夫的坟墓，两人十分恩爱，丈夫临死前要求她，至少等坟土干后再改嫁。如今丈夫才死几日，少妇就等不及，要扇干坟土，即刻嫁人。庄子回去对妻子田氏谈起这件事，田氏大骂那妇人"千不贤，万不贤"，表示"忠臣不事二君，烈女不嫁二夫"。庄子不信，就预设圈套，看她表演。庄子本有分身隐形之术，佯病诈死，另变一位年轻公子来找田氏。田氏果然中计，与年轻公子难分难解，又盼早成好事，就在新婚之夜，年轻公子突然心疼病发，说要人的脑髓才能治愈。田氏顾不得许多，拿起板斧，劈开丈夫的棺盖要取脑髓。这时庄子叹了一口气从棺内坐起，田氏羞惭自缢而死。庄子从此看破红尘，遨游四方得道成仙。

伏尔泰的小说《查第格》也有相似的情节。查第格的妻子阿曹娜从外面回来，怒气冲天地告诉丈夫：高斯罗的年轻寡妇，本来发誓，只要溪水在旁边流一天，她就在坟上守一天，可今天却看见她正在把溪水引到别处去。接着就把那寡妇臭骂一顿。由于过于做作，使查第格产生了反感，就伙同好友加陶设置了圈套。首先，查第格诈称暴病身亡，加陶来找阿曹娜，说查第格送给他大部分家私，他想与阿曹娜共同享受这笔财产。这样，阿曹娜就开始动心，是夜加陶突然脾脏作痛，说只有找一个新死的人的鼻子放在胸部侧面，才能治愈，阿曹娜就拿了剃刀来到丈夫坟前，准备去割鼻子，查第格却爬起来了。结果是把阿曹娜退婚了事。这查第格竟如庄子一般，以诈死来进行试探，使人中了圈套，露出原形。而这阿曹娜也竟如田氏一般经不起试探，人们笑她骂别人容易，轮到自己的时候就乱了。

莫里哀的成名喜剧《可笑的女才子》是讽刺两个从内地来到巴黎的市民小姐，她们饱读贵族作家的作品，崇尚贵族"沙龙"附庸风雅的陋习，两位青年登门求爱，却因他们不懂所谓高雅的时尚风俗而遭拒绝。这两位青年决心报复，用的也是预设圈套法，叫两个仆人冒充贵族前往拜访。这两个仆人处处模仿沙龙姿态，依循时髦的求婚程序，咬文嚼字，肉麻吹捧，表现得"风流倜傥"，把姐妹俩弄得晕头转向，忘乎所以。正在这时两位青年赶来揭穿真相，使她们羞愧交加，无地自容。

以上两个例子都来自文艺作品，因为预设圈套法需要布置和安排，所以经人编纂过的故事相对来说比较完美。但是日常生活里运

用此法，信手拈来，让人防不胜防，往往显得格外精彩：

马路上卖报者在大声叫卖："快来看报，惊人的诈骗事件，受骗者已达八十二人！"一人闻听赶紧向他买了一张，但从报上怎么也找不到关于诈骗事件的报道。这时忽听卖报者又在叫了："惊人的诈骗事件，受骗者已达八十三人！"卖报者就是诈骗者，等到恍然大悟，知道自己已上了圈套，也来不及了。况且人家讲得那么清楚明白，只得付之一笑，从中咂摸到一种幽默机智的味道。

大路上，一位男子双眼直盯着一位亭亭玉立的妙龄姑娘，并跟上了她。这姑娘突然驻足，转身责问："你干吗老盯着我？"

"你真是太美了，我们交个朋友好吗？"男子毫不隐瞒，直率地说。

"我不算漂亮，我姐姐才真漂亮呢！她在后面。"

这男子听说，立即转身去找。可是迎面走来的却是一位满脸皱纹的老妇人。

"你骗我！"这男子又跑回来指责那姑娘。

姑娘轻蔑地朝他一笑，说："你先骗我！要知道，假如你真的喜欢我，为什么还要回头去找我姐姐呢？"

这位妙龄姑娘真是既漂亮又聪明，像这样的圈套，恐怕青年男子十之八九要上当的。

综合运用随机应景

上面，我们介绍了在日常生活中获得幽默机智的一些方法，相对来说这些算是比较主要的。次要的方法还有很多，下面再举一两个例子：如对较大的问题来一个简单化的解决，可以称为"大题小做法"，某校老师教学生作文，要求精炼，强调好文章无须字多，出的题目是《观球记》，一位学生全文只写四字："因雨改期。"又如追述防不胜防的意外，可以称为"未雨绸缪法"，某家孩子跌了一跤，把新裤子摔破了，母亲骂他，他说："请原谅，我跌跤时，来不及把裤子脱掉了。"如此等等，不准备继续罗列下去了。这里要谈一个更为重要的问题，即驾驭这些具体方法的方法——综合运用法。

在本书开头讲"仁爱乐观法"的时候，我们就说：仁爱乐观法是"幽默机智第一法，这第一法即根本大法"。到"真诚坦率法"时，又说"这个方法，也带有根本性"。那么类似这样的法，就是贯穿到其他各法之中的，即其他的法都要与这些带根本性的法结合，这就已经说到了综合运用的问题。在具体的法里，比如揶揄调侃法说"幽默机智的效果，都需要揶揄调侃的态度"，揶揄调侃法是"幽默机智的最普通的一法"，"几乎什么法都可以，而且需要与它搭配"，这又说到了综合运用的问题。这里说的综合运用法，就是指对于上面所说的各法不能孤立地来看，而要总揽全局，融会贯通，只有了然于胸，才能得心应手。旧小说的开头往往有云："话说天下大事，分久必合，合久必分……"我们这里套用这个意思，关于幽默机智的各个方法，必须分开来讲，合起来用，因为分开来讲可以把问题讲深讲透，合起来用可以把方法用活用好。

我们在前面举了一些古典诗词的例子，其实这些例子是"现象接装法"与"以人拟物法"两法并用，当时我们没有提及后者，因为相对来说，后者不如前者重要，且当时也还没有谈到"以人拟物法"，这就是分开来讲的局限性，这是一个方面。另一个方面，在讲"谐音双关法"时我们举了优人李可及的例子，可以想象：他闲坐在宫中，无所事事，也许是出于性情，也许是由于职业，也许是两者兼而有之，想寻寻开心，

开开玩笑，取悦于人，取乐于已，当人家问到释迦牟尼，问到老子，问到孔子的时候，他却不会使用谐音双关法（或其他法），那么这一番情趣也无从展露，只有把揶揄调侃法与谐音双关法（或其他法）加以综合运用，才能达到幽默机智的效果，这是合起来用的必要性。明白了这一层，我们才可以说了然于胸，才可以说得心应手。

有的例子是两法并用的，我们基本根据以哪一法为主，或者说哪一法更为突出，就把它归入哪一法，但有的例子两法并用，而且两法并重，就不好往哪边归了，如下面这个事例：

德国诗人海涅一天收到一封分量特重的欠资信，他付清了所欠的邮资，打开信件，里面是一大捆包装纸，把包装纸一层一层地揭开后，里面只有一张纸条，写着："我很好，你放心吧，你的 N。"很明显，这是故意捉弄人。过了不久，那位捉弄人的人收到了一个欠资包裹，包裹很重，不知是什么贵重的东西，他不得不付出一大笔现金，取来打开一看，里面装的是一块大石头，并且夹着一张纸条，写着："当我知道你很好时，我心里的这块石头也就落地了。"这是一则很好的幽默故事，但试想一下，海涅用的是什么方法？我们说这里起码是两法并用，而且两法并重。其一是有意仿效法，这很明显，人家寄了一封欠资信，要他出钱，他就寄了一个欠资包裹，要人家出更多的钱，这是有意仿效，以其人之道还治其人之身。其二是语义双关法，如果海涅的报复仅止于上面一点，恐怕效果就十分有限，他妙就妙在采用有意仿效法的同时，又采用语义双关法，对于自己所寄的这块坑人的大石头，结合人家来信说出了极其巧妙的理由。所以这里的幽默机智效果是两法共同萌生的，很难把它划归哪一法，这就启迪我们对于上述各法，要综合运用。

　　同样的例子，如美国某报曾组织过一次"写给成年人看的童话"的征文，获得第一名的是《一支燃着的烟》，全文仅三十四个字："一支冒着袅袅青烟的香烟，指着自己说：'我是最好的直观教具，说明抽烟会缩短生命。'"这里"指着自己说"是以人拟物法，"缩短生命"是语义双关法。再如日本广告用语："车到山前必有路，有路必有丰田车。"这里既有既成仿拟法，又有词语翻覆法。如此等等。

　　那么幽默机智到底有没有实用价值？这个问题是有争议的。应该说，在具有实用价值的人际交往中发挥幽默机智的效果和幽默机智本身的实用价值是两回事。这个问题，我们在介绍各种方法时是合起来讲了。我们认为，纯粹的幽默机智的情趣不可抹杀，然而在日常生活中采用幽默机智的方法，强化人际交往，则更为重要。所以幽默机智可以在没事的时候开开玩笑、寻寻开心，更可以在应付各种临时场面，甚至对付他人的攻击中发挥作用。

开发潜能领悟幽默

马克思说："对于没有音乐感的耳朵来说，最美的音乐也毫无意义。"

莎士比亚说："一句俏皮话的成功在于听者的耳朵，而绝不是说者的舌头。"

我们的幽默机智表现得再巧妙，再漂亮，如果没有欣赏者的配合，一切都是徒劳。现实中常有这样的例子：当某人说出一句精彩的幽默机智之语时，有的人会发出心领神会的笑声，而有的人却完全无动于衷。这无动于衷大约有两种情况：一种是压根儿没听懂这话，因为幽默机智之语与普通言语不同，它包含了较多的技巧。有的人就是对这些技巧非常隔膜，以至于弄不懂到底说了些什么。这是由于这个人的水平太低。另一种是基本听懂了这话的意思，却没听懂其中的奥妙，即幽默机智的情趣。于是他就会纳闷，同样一个意思为什么一定要这样来表达？这是由于这个人的修养不够，也可以叫作缺乏幽默感。这样，我们的精彩表演，就变成"给瞎子点灯——白费蜡"。

要能够表现自己的幽默机智，首先要善于领悟别人的幽默机智，即除了领悟别人的意思以外，同时还要领悟幽默机智的情趣。这前面的一层可能比较容易，而后面的一层恐怕非得有一点幽默机智的潜能不可。应该说，每个人幽默机智的潜能或多或少总是有的，就看他是否受到良好的教育，得到合理的开发。日本作家鹤见祐辅说："懂得幽默，是由于深的修养而来的。"有了深的修养便有了点铁成金的手指，生活中处处可以找到幽默机智的材料。"长河落日圆"、"大漠孤烟直"，绝不仅仅是写景的佳句，里面包含了作者对于自然中幽默感的发现。诗人高人一筹之处，在于他能从普通平凡的事物中找到诗意，而这诗意正是包括了幽默感。

"不识庐山真面目，只缘身在此山中。"这是理趣。

"春眠不觉晓，处处闻啼鸟。夜来风雨声，花落知多少。"这是情趣。

然而理趣情趣，里面都包含了一定的幽默感。

脍炙人口的泰戈尔的散文诗，如："群树如表示大地的愿望似的，竖趾立着，向天空窥望。"你说这里有多少象征意义？对于诗的穿凿附会，大都是本身缺乏幽默机智的情趣，或者是把这一情趣看轻了。还它以本来面目吧，这是作者从自然中发现的幽默感。

所谓理趣与情趣，都是第二义的，不管作者创作的契机和读者欣赏的初衷，都必须承认作为触媒之一的幽默感。郑板桥画竹出神入化，他自叙："余家有茅屋二间，南面种竹。夏日新篁初放，绿阴照人，置一小榻其中，甚凉适也。秋冬之际，取围屏骨子，断去两头，横安以为窗棂，用匀薄洁白之纸糊之。风和日暖，冻蝇触纸上，冬冬作小鼓声。于时一片竹影零乱，岂非天然图画乎！凡吾画竹，无所师承，多得于纸窗粉壁日光月影中耳。"这是捕捉到了自然与艺术相互生发的妙趣，作者乐在其中，洋洋自得之情溢于言表。艺术中不乏幽默的领地，音乐有诙谐曲，绘图有简笔画，摄影有广角镜，书法有美术字，文学有喜剧，曲艺有相声，表演有小丑。一部《西游记》塑造了严肃的唐僧、勇敢的孙悟空、忠诚的沙和尚外，还要塑造一个既愿去取经又时时吵着散伙要回高老庄去做女婿，既讨好师父又常常表现出蠢和懒的猪八戒。读者如果不用超然领悟法，是很难欣赏这个人物的。同样，《三国演义》里有张飞，《水浒传》里有李逵，《红楼梦》里有刘姥姥……大千世界，包孕万物，只要你放出慧眼，幽默机智的材料可以说仰俯即是。

有了上面这一番修养工夫，进入人际社会，就有了幽默机智的底蕴，交往应对，随遇而变。有枯燥的谈话，机锋一出，气氛顿活；有敌对的情绪，一笑解颐，化干戈为玉帛。这时你千万注意，慎莫骄傲，不要锋芒太露，目中无人；要随时注意别人的幽默机智，只要有点滴情趣，你不妨因势利导，展露才情，推向高潮。若遇到此中高手，你应该礼遇相让，甘当附和，旁敲侧击，推波助澜。这样你既表现了自己，又尊重了别人，可以取得良好的效果。

生活中处处有幽默，在运用时却要注意场合和对象，一般来说，在别人家庭发生重大事故、居丧哀伤时，是不能乱用幽默的。在我国，碰到一些严肃庄重的场合，也不能乱用幽默。在外国，尤其是英国这个"幽默"的故乡，据说用得较滥。如某考生对一道化学试题："请写出用煤炭制造酒精的方法"，做了好久做不出来，最后他竟写了这么一句话作为答案："用出售煤炭后所得的钱，来购买酒精。"更妙的是改卷老师阅到此题，不禁笑了起来，说："这也是一种极好的方法。"兴致一来，竟不扣分。再如课堂上老师提问一位学生："你能说一说关于 18 世纪英国伟大作家的一些情况吗？"那位学生站起来，很认真地说："老师，第一个最重要的情况是，他们都已经死了。"此言一出，全班哄堂大笑，老师也笑得弯下腰来。学生等大家笑过以后，才回答正题。这种情况在我国不易发生，就算学生有此幽默机智的才能，有的老师也缺乏容纳乃至欣赏的气度，这就是场合与对象的问题。

下面有一段小伙子向姑娘表示爱情的对话，你不妨试问一下自己是如何感受的。

姑娘：你真的爱我吗？

小伙：是的，我敢对天发誓……

姑娘：那你用什么表示呢？

小伙：用我这颗赤诚的心。

姑娘：你是唯"心"主义者，我可是唯"物"主义者啊！

这一段对话可以有四种理解：第一种是按字面意思解释，姑娘批评小伙是"唯心主义者"，申明自己是"唯物主义者"，两种思想，没有共同语言，因而"再见"。这样理解的人属于修养不高，不能领悟其中幽默机智的情趣，他读了这一段对话是不会发笑的。第二种理解比第一种深了一层，他已看到姑娘运用了语义别解法，把"赤诚的心"的"心"，别解为"唯心主义者"的"心"，因而领悟到一些幽默机智的情趣。第三种理解又比第二种再深一层，进而看到姑娘除了运用语义别解法，又运用了借物替代法，这"唯心主义者"乃是指精神，"唯物主义者"乃是指物质，所以认为姑娘是一个重物质轻精神的人，断定这一段对话的编写者是讽刺姑娘对爱情的商品化、庸俗化的观点。第四种理解，认为这位姑娘对小伙根本没有感情，作为幽默机智的主体，这位姑娘绝顶聪明，除了运用上述两种方法外，还兼用了自我解嘲法，因为根据一般说法，在哲学上我们是坚持"唯物主义"，在爱情上我们是鄙视"唯物主义"，而这位姑娘偏偏承认自己在爱情上是"唯物主义者"，自认品格低下，拒绝了小伙子，既不使他感到难堪，又不失优雅风趣，不能不承认这位姑娘是运用幽默机智技巧的高手。

这第三种理解与第四种理解，所得的结论恰恰相反，孰是孰非，只能"仁者见仁，智者见智"了。